늦지 마라

나의 일상

OI O IKIRU KURASHI NO CHIE
by MINAMI Kazuko
Copyright ⓒ2007 MINAMI Kazuko
All rights reserved.
Original published in Japan by CHIKUMASHOBO LTD., Tokyo
Korean translation rights arranged with CHIKUMASHOBO LTD., Japan
Through THE SAKAI AGENCY and GAON AGENCY
Korean translation copyright ⓒ2011 by RISU PUBLISHING CO.

이 책의 한국어판 저작권은 THE SAKAI AGENCY와 가온에이전시를 통한
CHIKUMASHOBO LTD.와의 독점 계약으로 도서출판리수에 있습니다.
저작권법에 의해 한국 내에서 보호받는 저작물이므로 무단 전재와 무단 복제를 금합니다.

늦지 마라
나의 일상

미나미 가즈코 지음 김욱 옮김

리수

머리말

나는 현재 70대 후반에 접어들고 있다. "아, 나도 이젠 늙었구나." 누군가에게 말한 적은 없지만 하루에도 수십 번씩 나 스스로에게 이런 말을 하면서 살고 있다.

되돌아보면 늙음에 대한 자각은 50대 중반부터 했던 것 같다. 60대에 접어들면서는 일상생활에서 지금까지 상상도 하지 못했던 일들을 겪게 되었고, 그 반응으로 내가 늙었음을 인식하게 되었다.

64세 때 크게 허리를 다쳤다. 3개월 가까이 일어나기도 힘든 상태였다. 그때 나는 '늙음'을 자각하지 않으려고 무척이나 초조해했다. 눈앞의 일들에 무리하게 덤빈 것은 그 때문이었다. 그런 실패를 여러 번 반복했다. 그러나 70대에 접어들고부터는 '늙음'을 고분고분 받아들이게 되었다.

첫째는 몸의 움직임이 둔해져서 무슨 일이든 행동이 굼떠졌다. 예전을 떠올리며 "그때는 할 수 있었는데!"라고 아쉬워하다가도 "나이가 들었으니 어쩔 수 없는 건가…" 하고 체념하게 되었다.

요즘 들어 툭하면 잊어버리곤 한다. 처음에는 기가 꺾였다. 이런 나를 받아들이기 힘들었다. 그러나 지금은 생각이 조금 바뀌었다. 자주 잊는다면 나름대로 대비를 해둬야겠다고 생각하게 된 것이다. 나만 난처해지는 게 아니라 남들까지 난처하게 만들 수 있으므로 지금의 나를 관리할 수 있는 방법을 적극적으로 찾게 된 것이다.

지금의 나는 혼자 할 수 있는 일이 거의 없다. 몸과 마음, 생각이 젊은 날처럼 뜻대로 움직여주지 않는다. 이 상황을 받아들여야 한다. 주위 사람들에게 도움을 구해야 한다. 그렇다고 무조건 남에게 의지하자는 뜻은 아니다. 나의 부탁이 부담스럽지 않도록 경계를 미리 정해두는 게 중요하다.

매일처럼 반복되는 단조로운 생활이 지금의 나로서는 가장 큰 행복이다. 어제 했던 일을 오늘도 한다, 어제 할 수 있었으니까 오늘도 할 수 있다…. 그렇게 생각하면서 살고 있다. 그리고 만에 하나 어제 할 수 있었던 일을 오늘 하지 못하게 되더라도 실망하지 않을 것이다. 체념이 아니다. 현실을 인정하는 것이다. 이것도 미리 마음의 준비를 해둬야 한다. 평범한 일상에서 뜻하지 않은 일이 벌어져도 이상할 게 없는 나이다. 그래서 사소한 일상에도 감동하곤 한다. 내가 몰랐던 감동이 주변에 이토록 많았음을 나이가 들어서야 알게 되었다.

무엇보다도 60대의 늙음과 70대의 늙음은 확연히 다르다.

70대라는 동일한 연령에도 사람마다 느끼는 감이 다르다. 그동안 살아온 역사라고나 할까, 건강상의 문제는 물론이고 가족 관계, 경제 문제를 포함해서 다른 길을 걷고 있다.

나의 경우 남편과 단둘이 살고 있다. 허리가 좋지 않아서 일상적인 가사도 쉽지 않다. 반면에 남편은 매우 건강하다. 자동차 운전쯤은 일도 아니다. 나를 대신해 집안을 돌보고, 또 여러 가지로 내 생활에 도움을 주고 있다. 어쩔 수 없이 남편에게 많은 부분을 의지한다. 가끔은 남편의 도움을 당연하게 생각하는 것 같아 겁이 날 때도 있다. 그래서 내가 할 수 있는 일에 남편을 끌어들이지 말아야 된다고 나 자신을 훈계한다.

이 책을 읽는 독자 중에는 배우자를 잃은 분도 계실 것이다. 나와 달리 건강해서 일상생활이 자유로운 분도 계실 것이다. 또는 나보다 더 불편한 몸으로 하루하루를 힘겹게 이겨내는 분도 계실 것이다.

그런 배경의 차이를 떠나서 사고방식이라든가, 일상을 보내는 방법 등에 공통적으로 적용할 수 있는 방법들을 모아서 책으로 엮게 되었다.

실은 재작년 여름부터 어쩐지 몸이 굳어지는 느낌이 들었다. 개인적인 일로 무리한 탓에 두 번째 허리병을 앓았다. 몇 개월 동안 자리에 앉아 있기도 힘들었다. 지금은 많이 좋아졌는데 지팡이 없이는 걸음을 옮기지 못한다. 그런 일을 겪으면서 더 이상 이 책을 미뤄서는 안 되겠다는 생각이 굳어졌다. 그래서 마음을 다잡고 용기를 내서 책상 앞에 앉았다.

이 책을 쓰면서 나의 늙음을 돌아보게 되었고, 나이 들어 깨닫게 된 행복이 있음을 발견했다. 나의 그런 경험이 조금이나마 독자 여러분에게 전해졌으면 하는 바람이다.

미나미 가즈코

차례

머리말 _4

1. 몸이 제일이다

걸을 수 있다는 것 _15
반복되는 사소한 일상의 소중함 _20
바른 자세는 나에게 줄 수 있는 가장 큰 선물 _23
집안일은 중요한 운동이다 _27
하루에도 몇 번씩 옷을 갈아입는 이유 _30
무리하지 말아야 한다 _35

2. 사람과 함께하다

한 장의 엽서, 그 이상의 가치 _43
오랜 친구와의 통화 _46
약속은 삶의 이벤트 _52

찻집에 앉아 있는 즐거움 _55

느티나무 그늘에서 _59

취미를 즐기다 _63

'할머니'라고 부르지 마세요 _68

인간의 마지막은 혼자다 _72

배우자를 잃은 친구에게 _77

연상의 친구에 대하여 _81

3. 너무 심각하게 생각하지 않는다

고령자의 건강이란 _91

배설에 대하여 _95

우울증이 아닌가 생각되었을 때 _99

'푸념' 대신 '약한 소리'를 _103

환자와 함께 지내기 _106

4. 부모의 생활, 자녀의 생활에 대하여

부모님이 늙기 전에 어떻게 살아왔는지를 미리 들어둔다 _117

남에게 제대로 부탁하려면 _123

연하 사람에게 줄 물건을 미리 준비해둔다 _127

나이를 먹은 후의 중요한 말 '감사합니다' _132

자녀가 유산 때문에 다투지 않게 하려면 _136

5. 건망증과 몸치장에 대하여

기록하면 잊지 않는다 _149

무엇에든지 날짜를 써둔다 _153

집안 여기저기 있으면 편리한 것들 _158

보기 흉하다 _165

거울을 보자 _169

머리 염색을 그만두었을 때 _172

6. 체중 관리와 식생활에 대하여

체중을 안정시킨다 _179
고령자가 사용하는 주방 _183
중년부터의 식생활 _188
치아를 소중히 _191

7. 나의 리허빌리테이션 일기

단조로운 생활을 견딘다 _199
나이를 먹으면 리허빌리테이션도 천천히 _204
처음으로 알게 된 약의 부작용 _207
내가 지팡이를 쓰기 시작했을 때 _213
상반신이 하반신에 실리기 시작했다 _220
수중에서의 리허빌리테이션 운동 _223

8. 노인홈에 입주하기로 결정했을 때 _231

후기 _242
옮긴이의 말 _244

1. 몸이 제일이다

걸을 수 있다는 것

32년 전에 지금 살고 있는 집으로 이사했다.

당시 집 주변을 되돌아보면 역 근처의 조그만 상점 몇 군데가 고작이었다. 상점가를 빠져나오면 주택가라기보다는 밭과 대나무 숲, 그리고 두서너 군데의 공터가 펼쳐졌다. 여름이 다가올수록 공터 인근은 사람 키를 훌쩍 넘는 잡초의 천국이 되었다. 이곳에서 10분을 더 걸어야 우리 집이 보였다.

매년 길 양쪽에 집이 들어섰고, 조금 늦은 시간에도 골목에서 사람들의 그림자가 보였다.

딸들이 중·고등학교 다닐 즈음에는 역으로 마중 나갈 필요가 없을 정도로 빈터가 사라지고 집과 건물들이 빽빽하게 들어섰다.

예순넷에 허리를 심하게 다치기 전만 해도 커다란 숄더백을 자전거에 싣고 매일처럼 외출했다. 역전 광장에 자전거를 세우고, 짐을 어깨에 잔뜩 걸친 채 전철을 탄 것이 요동 발발에 영향을 미쳤다.

요통도 조금씩 나아지고는 있지만 예전처럼 건강해지기는 어렵다.

그래서 나의 몸과 연령을 생각하여 자전거를 포기하기로 했다. 현관 옆에 세워두면 아무래도 타고 싶어질 것 같고, 자전거를 타면 넘어질 가능성이 있으므로 아예 없애버렸다.

자전거 대신 매일 잠깐이라도 내 발로 걷는 리허빌리테이션(rehabilitation)을 해야겠다고 결심했다.

요통이 생긴 후 3개월가량 지나서 키를 재봤더니 무려 7~8센티미터가 줄어 있었다. X-레이 촬영을 통해 척추가 약해진 것이 원인임을 알게 되었다.

허리가 아파서 라디오 체조도 제대로 따라 하지 못했다. 척추가 망가지면서 기본적인 동작도 쉽지 않았다. 날이 갈수록 유연함이 떨어지는 것이 느껴졌다.

내게는 매일 일정한 운동이 필수였다. 운동은 허리 통증을 완화하는 동시에 재활 요법이었다. 그 방법으로 나는 '걷기'를 택했다.

나만 그런 것이 아니라 운동 삼아 매일 걷는다는 사람이 많다. 걷기를 통해 건강을 유지하는 것이다. 걸음을 옮길 수 있게 된 3개월 후부터 집 주위를 시작으로 10년이 지난 지금까지 거의 매일 동네를 산책하고 있다. 한겨울에 눈이 내려도 잠시 멎을 때 한 바퀴 걷고 온다. 비가 오는 날도 포기하지 않는다. 빗줄기가 가늘어진 틈을 노려 10분이라도 걸음을 옮긴다. 휴식도 중요하다는 건 나중에야 알게 되었다.

89세인 숙모가 최근에 간병인을 제공하는 요양원에 입주하셨다. 숙모는 나이에 비해 몸도 가볍고 활동적인 분이었다. 숙모를 뵐 겸 요양원을 방문했다가 약간 충격적인 이야기를 들었다. 이곳은 '단독 외출 금지' 였다. '외출' 에는 '근처를 산책하는' 것도 포함되었다.

숙모는 제멋대로 구는 사람이 아니고 성격도 온화해서 누구에게 푸념을 터뜨린 적이 없다. 그럼에도 요양원의 방침에는 "나는 지금껏 혼자 산책하는 걸 제일 좋아했다구"라면서 불만 섞인 표정을 감추지 못하셨다.

요즘도 하루 한 번은 집 주변을 내 발로 걷는다. 그래서 숙모의 기분을 이해할 수 있다.

고령자에게 '걷기' 란 매우 중요한 의미를 담고 있다.

동네를 산책하다보면 지팡이를 들고 걷거나, 손수레에 매달리듯 힘겹게 걸음을 떼는 사람들과 자주 마주친다. 나보다 약간 젊은 사람도, 그리고 여든이 넘어 보이는 사람도 각자 힘을 쓰며 두 발을 움직이고 있다.

만약 내가 혼자 외출할 수 없게 된다면 나의 QOL(Quality of Life, 생활의 질)은 제로가 될 것이다. 넘어져서 두 번 다시 걷지 못할 수도 있다. 병이 들어 몸져누울 수도 있다. 그런 날이 찾아오지 않으리라는 보장은 없다. 그래서 지금은 내일을 생각하지 않고 내 몸이 움직일 수 있는 만큼 움직이고 싶다. 나의 실수로 불행한 날들이 찾아오지 않도록 걸음마다 주의를 기울인다. 아무리 급해도 달리거나 서두르지 않는다. 지금 나이에서 실수는 치명적이다.

집에서 역까지 15분 거리다. 역에 잠깐 나갈 일이 있어도 잊어버린 것은 없는지 몇 번이고 챙긴다. 지갑, 손수건, 모자는 물론이고 신발도 발이 편한지 체크하고 현관문을 연다. 왕복 30분일지라도 내게는 짧은 거리가 아니다. 깜빡했다, 하며 다시 집으로 돌아올 수는 없다.

외출할 때 깜빡 잊고 가스불이나 전기 등을 점검하지 못하면 다른 누군가에게 부탁할 수 없으므로 반드시 주의해서 체크하고, 집으로 걸려오는 전화는 휴대전화로 돌려놓는다. 혹시라도 물이 새지 않는지 욕실과 싱크대의 수도꼭지도 확인한다.

이런 것을 모두 확인한 후 문을 잠그고 집을 나선다. 길을 걸을 때도 모퉁이에 잠깐 서서 갑작스레 튀어나올지 모르는 자전거 등을 주의한다. 스무 걸음쯤 걷고 주위를 살핀다. 불시의 사태에 대응할 수 없는 몸이므로 수시로 자동차와 자전거의 출현에 대비해야 한다.

역 주변에 도착해서는 더욱 조심해야 한다. 반드시 인도로 걷고 되도록 상가 거리는 피한다. 만에 하나 누가 길을 막고 서 있으면 조금 큰소리로, "미안한데 조금 비켜주시겠어요?" 하고 부탁한다.

"이 할망구가…"라는 불평을 들더라도 어쩔 수 없다. 내 몸에겐 무척이나 절실한 문제다. 사람을 피하려다가 마주 오는 행인이나 간판 등에 부딪혀 발을 삐끗하거나 넘어지면 전적으로 내 손해다.

이렇게 사소해 보이는 주의 사항만 지켜도 나의 건강한 하루가 내일로 연장된다. 남들 눈에는 어떻게 비칠지 몰라도 내 발로 걸어 다닐 수 있는 시간을 늘리고 싶다. 그것이 나의 가장 큰 소원이다.

반복되는 사소한 일상의 소중함

나는 거의 매일 아침 열 시쯤에 지팡이를 들고 집을 나선다. 역 근처에 있는 작은 상점가에 들르기 위해서다.

현관을 나와 될 수 있으면 자세를 꼿꼿이 하고 걷는다. 처음 스무 걸음쯤 걸어보면 "오늘은 몸이 가벼운데", "지팡이가 없으면 역까지 못 걸어가겠다" 등의 컨디션을 확인하게 된다. 어쨌든 '걷고 있다'가 가장 중요하다.

몸이 가벼운 날에는 하늘에 대고 소리를 지르고 싶을 만큼 기쁘다. 반대로 지팡이가 묵직한 날은 '또 왜 이러지?' 하고 고민이 늘어난다. 어제 외출이 힘이 들었나, 그때 무거운 물건을 괜히 들었나… 하고 머릿속이 복잡해진다. 딱히 생각나는 원인이 없음에도 하루 종일 고민한다.

아침식사를 마치고 가벼운 마음으로 집을 나섰다가 첫 걸음이 왠지 무겁게 느껴져도 방으로 돌아가거나 하지는 않는다. 정해진 일과는 반드시 마친다. 건강을 지키는 나만의 의무다. 일상에서 벗어나지 않는 생활 태도야말로 고령자에겐 매우 중요한 습관이다. 유리처럼 허리가 약한 나는 컨디션이 제멋대로다. 피곤하고 짜증나는 날도 많다. 그래도 매일 습관처럼 해온 산책이나 집안일을 포기해서는 안 된다.

아침에 눈을 떴을 때 이상하게 온몸이 나른한 날이 있다. 그런 날에는 만사가 귀찮다. 하지만 매일같이 반복하는 허리 체조는 반드시 하고야 만다.

먼저 누운 채로 몸을 좌우로 천천히 돌리고, 위를 향해 두 발을 천천히 뻗는다. 그런 다음 왼발을 세우고 오른발 뒤꿈치를 내밀듯이 해서 5~10센티미터 정도 들어 올린다. 그 자세를 유지하면서 천천히 열을 센다. 손으로 만져보면 오른발 대퇴부와 복부가 꽤 단단하다. 열까지 센 다음 두 발을 내리고 잠깐 쉰다. 다시 오른발 뒤꿈치를 길게 뻗으면서 5~10센티미터 들어 올린다. 같은 동작을 대여섯 번 반복한다. 다음으로 같은 동작을 왼발로 한다.

이어서 왼쪽 옆으로 누워 오른발을 약간 구부린다. 그리고 넓적다리를 벌리듯이 오른발을 위로 5~6센티미터 들어 올린다. 이 동작을 대여섯 번 반복하고, 오른쪽으로 누워 왼발도 똑같이 대여섯 번 반복한다.

다시 똑바로 누워 두 무릎을 배꼽까지 당긴다. 무릎을 당기면서 숨을 크게 들이마시고 머리를 천천히 들어 올리면서 숨을 내뱉는다. 배꼽이 보일 정도까지 고개를 들어야 한다. 이 동작을 다섯 번 반복한다.

마지막으로 숨을 크게 들이마셨다가 토하면서 엉덩이를 들어 올린다. 이 동작도 다섯 번 반복한다.

그리고 조심조심 일어나서 화장실로 향한다. 냉장고에서 빵을 꺼내 토스터에 굽고, 우유와 야채절임을 준비한다. 고기와 야채를 넣고 수프도 끓인다. 이것이 우리 집의 아침식사다. 식사 후 설거지와 세탁은 남편 몫이다. 나는 청소나 정리 등을 한다. 그 후에 옷을 갈아입는다.

이것이 오전의 산책 직전까지 내 스케줄이다. 가사인 동시에 리허빌리테이션인 셈이다. 여기까지의 일과는 매일매일 꼭 반복한다. 이렇게 하면 그날의 컨디션을 미리 확인해볼 수 있다. 아침의 움직임에서 몸이 가볍다면 그날은 컨디션이 좋다, 만약 무겁다면 그날은 몸 상태가 별로이니 일을 다음 날로 미뤄야겠다는 식으로 조정이 가능하다.

오늘 아무렇지 않게 했던 일을 내일부터는 못하게 될지도 모른다. 그런 상황도 받아들일 준비가 되어 있다. 일종의 각오다. 그런 각오가 되어 있기에 매일처럼 반복되는 사소한 일상도 감사하게 받아들일 수 있는 것 같다.

바른 자세는 나에게 줄 수 있는 가장 큰 선물

젊은 시절에는 사람이 나이가 들면 왜 등이 굽을까, 하고 의아해했다.

그러면서도 정작 나 자신은 이미 중·고등학교 때부터 등을 숙인 채 걸었다. 학교 선생님과 부모님으로부터 "자세를 바로 하라"는 말을 참 많이 들었다. 그때 말을 잘 들었더라면 지금처럼 등이 굽거나 허리 때문에 고생하는 일은 없었을지도 모른다.

2005년 2월 1일자 아사히신문에 '건강하게 걷는 법'이라는 제목의 기사가 실렸다.

도쿄가정대학의 모리지리 츠요시 교수가 신입생의 서 있는 자세를 조사한 후 발 압력계와 비디오를 사용해 '제대로 반듯하게 서는 자세'를 가르쳐줬다는 내용이었다.

압력계를 통해 발바닥이 지면을 어떻게 밟고 있는지를 조사했더니 신입생 대부분이 발바닥이 아닌 발뒤꿈치, 또는 발기락과 발뒤꿈치에 체중을 집중시켰다고 한다.

기사에 따르면 서 있을 때는 귀, 어깨, 허리, 무릎, 발바닥 한가운데가 일직선인 상태가 가장 '좋은 자세'라고 한다. 만약 새우등이라면 등이 굽고, 무릎이 꺾이고, 허리가 뒤로 기울어져 일직선이 될 수 없다는 것이다.

현재 76세인 나는 목이 앞으로 나오고, 등은 굽어서 아랫배가 많이 나왔다. 일주일에 한 번 수영장에서 나를 지도해주는 T선생은 여러 가지 운동을 가르쳐준 후 반드시 '바른 자세'를 잡아주는 것으로 강습을 마친다.

"발뒤꿈치를 붙이고 발끝을 90도 정도 벌리세요. 무릎은 붙이고 다리를 쭉 펴세요. 아랫배를 가슴까지 끌어올리듯이 힘을 주세요. 눈은 정면을 보고 목의 힘을 빼세요. 어깨는 자연스럽게 뒤로 당기세요. 그 상태에서 잠시 숨을 내쉬세요. 호흡을 가다듬고 자세가 흐트러지지 않도록 주의하면서 천천히 걸으시면 돼요…"

몇 걸음 걸었을 때 "좀 더 힘을 빼고 천천히", "발뒤꿈치를 붙이세요. 아랫배에 적당히 힘을 주는 것도 잊지 마시고…"라는 주의를 반복하면서 동작이 몸에 익도록 지도한다. 물의 깊이는 가슴 높이다.

눈앞에 거울이 없어서 나의 자세가 정확한지는 모른다. 그래도 바른 자세를 의식하면서 T선생이 가르쳐준 동작을 실천한다. 이런 연습을 통해 점점 더 구부러지는 나의 등과 허리가 회복될 것이라고 생각한다. T선생은 입버릇처럼, "미나미 선생님, 물 밖에서 걸으실 때도 발뒤꿈치부터 땅에 닿아야 한다는 걸 잊지 마세요. 그리고 발가락으로 땅을 차듯이 걸으세요." 하고 말한다.

허리가 굽고, 무릎이 굽으면 보폭이 좁아진다. 이는 앞서의 신문기사에서 모리지리 선생도 지적하고 있다. 모리지리 선생은 자세를 교정하는 방법으로 수중워킹을 권하고 있다. 발가락이 땅에 닿는 것이 중요하며, 그런 연습을 반복하는 과정에서 자신에게 맞는 방식을 알게 되고, 그것이 '가장 좋은 자세'가 된다는 것이다. 그렇게 해서 자신에게 맞는 바른 자세를 자각하고 걸으면 보폭도 커지고, 장시간 걸어도 몸에 무리가 없다고 한다.

1분간의 걸음 수는 나이가 들어도 큰 변화가 없다. 대신 보폭이 좁아진 만큼 걷는 속도는 떨어진다. 걷는 속도의 저하는 건강과 밀접한 관계가 있다는 것을 신문기사에서 읽었다. 도쿄노인종합연구소의 실험 결과에 의하면 최대 보행 속도가 빠를수록 4년 후 자립 생활을 유지할 가능성이 높아지고, 사망률도 낮아진다고 한다.

주쿄대학 교수인 유아사 가게모토 선생이 2005년 5월 14일자 아사히신문에 '아름다운 뒷모습을 가꾸자'라는 제목으로 칼럼을 기고했는데, 여기서도 "배를 들이밀고 고개를 똑바로 들고 등을 세우는 것"이 건강한 자세라고 소개하고 있다.

유아사 선생의 칼럼은 이론적인 설명이 자세히 되어 있어서 쉽게 이해가 되었다. 사람의 머리는 무게가 4킬로그램이다. 이 무게를 목 근육만으로 지탱해서는 안 된다. 목과 등, 다리 근육으로 분

산해서 지탱해야 하는 것이다. 좋은 자세란 머리의 무게를 효과적으로 분배하여 몸에 무리가 가지 않도록 하는 것이며, 그렇게 하면 자연스레 뒷모습이 아름다워진다고 한다.

바른 자세를 위해 5~10초씩 배를 들이밀고 고개는 정면을 향하고, 등은 꼿꼿이 세우는 연습을 수시로 반복한다. 별것 아닌 노력도 시간의 도움을 받으면 예상외의 성과를 낳는다. 모리지리 교수도, T선생도, 유아사 선생도 바른 자세의 중요성을 강조하고 있다.

그래서 76세인 나도 이제 와서 뭘, 하고 포기하지 않고 바른 자세를 가지려고 연습 중이다.

집안일은 중요한 운동이다

나에게 수중운동을 지도해주는 T선생이 언젠가 이런 말을 했다.

"미나미 선생님, 집에서도 되도록 많이 움직이세요."

그리고, "간단한 집안일이라도 직접 몸을 움직이시면 수영장에서 1주일에 한두 번씩 운동하시는 것과 같은 효과를 볼 수 있어요. 집안일만으로도 근육이 강해지고 뼈가 단단해진답니다." 하고 알아듣기 쉽게 설명해주었다.

예를 들어 차 한 잔을 마시는 것도 운동이 된다. 우선 물을 끓여야 하고, 찻잔을 닦아야 한다. 손잡이가 달린 사기그릇에 뜨거운 물을 부은 뒤 찻잎을 넣고, 차를 마신 후에는 설거지를 해야 하고, 찻잔과 그릇을 제자리에 옮겨놓으려면 선반이 있는 곳으로 이동해야 한다. 이 또한 움직임임에 틀림없다. 식탁을 정리하고, 뜨거운 물을 부은 찻잔과 그릇을 옮기는 것도 움직임이다.

차를 마시고 테이블을 행주로 닦는다. 이것도 움직임이다. 차 한 잔을 마시기 위해 앉았다가, 일어섰다가, 허리를 굽히면서 여러 동작을 반복하게 된다. 체조와는 다르지만 체조 동작을 자연스레 하게 된다.

나는 남편과 단둘이 살고 있다. 딸들과 함께 살던 시절과 비교하면 집안일도 양이 훨씬 줄었다. 가사도우미 등에게 집안일을 맡긴다면 하루에 움직이는 양이 상당히 줄어들 것이다.

수십 년 전에만 해도 전통가옥에서 생활하려면 많이 움직여야 했다. 식사 때마다 밥상을 옮기고, 밥상 앞에 무릎을 꿇고 정좌한다. 다 먹은 후에는 일어나서 그릇을 주방으로 옮긴다. 밥상도 다시 제자리에 갖다놓아야 한다.

식사만이 아니다. 자고 일어날 때마다 반침에서 이불을 꺼내고, 시트를 씌우고, 머리 쪽 시트를 접어놓는 등 많은 움직임이 필요하다. 게다가 모든 동작이 허리를 숙였다가 펴는 것을 반복한다. 몇 번이고 앉았다 일어서기를 반복해야 한다. 이불도 두서너 장 나란히 펴야 한다. 이불을 개서 반침에 갖다놓을 때도 등근육을 사용해서 들어 올려야 한다. 사람 수에 맞게 베개도 옮겨야 한다.

화장실도 일본식인 경우 볼일을 볼 때마다 쭈그리고 앉았다가 일어선다. 그것을 하루에 몇 번씩 반복한다.

욕실 청소만 해도 샤워기 따위가 없으므로 수도가 있어도 욕조를 닦는 데 힘이 많이 든다. 욕실이나 주방에는 젖은 발을 닦도록 대나 띠를 발처럼 엮은 장판 비슷한 것을 깔아놓았는데, 이것을 며칠에 한 번씩 수세미로 닦아서 말리곤 했다.

우리 집은 약간 외진 곳에 있다. 역까지 걸어서 15분이다. 그 사이에 비슷한 크기의 집이 여러 채 있는데, 대부분 노인 세대가 살고 있다. 아침에 집을 나서면 60세 전후로 보이는 여성들이 낙엽이나 담배꽁초 등을 청소하고 있다. 옆집에 사는 80세가 넘은 할머니도 매일 아침 등을 구부리고 행인들이 버린 쓰레기를 치운다.

그 모습을 볼 때마다 '왜 다른 사람이 버린 쓰레기를 치워야 할까' 하고 화가 났지만 어떻게 보면 그런 움직임이 그녀들에게 건강을 선사한다고도 볼 수 있다.

고령자에게 적절한 운동은 필수다. 이왕 몸을 움직여야 한다면 스포츠센터 등을 이용하기보다는 나와 가족을 위해 집안을 돌보는 건 어떨까. 집안일도 하고 운동도 되는 일석이조의 효과를 볼 것이다. 그런 점에서 집안일은 훌륭한 리허빌리테이션이라고 생각한다.

앞마당에 꽃나무 하나를 심어도 사람의 손길이 필요하다. 물을 주고, 잡초를 뽑고, 마당을 걷는다. 허리를 숙이고, 무릎을 구부리고, 어깨와 손목을 사용한다. 식사 준비도 적지 않은 움직임을 요구한다. 조금 귀찮고 힘들어도 손수 만든 음식에 가족들이 기뻐하고, 필요한 만큼 몸을 움직였다는 만족을 동시에 느낄 수 있다. 무엇보다 가사노동은 정신적인 긴장감을 유지해준다는 것이 장점이다.

현재 수준의 가사노동을 유지하면서 좀 더 건강하게 몸을 움직이는 방법을 생각해보자. 건강도 지키고, 가족에게 기쁨도 줄 수 있는 보다 행복한 생활이 기다리고 있다.

하루에도 몇 번씩 옷을 갈아입는 이유

가벼운 기분으로 외출했던 육십대 초반까지는 계절에 맞는 옷을 선택할 것, 젊은 사람들보다 밝은색을 고를 것, 무엇보다 깨끗한 옷을 입을 것이라는 세 가지 조건을 반드시 지켰다.

그러나 64세 때 허리를 다친 후 화사한 옷보다는 따뜻한 옷, 갈아입기 쉬운 옷, 그리고 세탁이 쉬운 옷, 주름이 지지 않는 옷을 고른다. 내가 움직일 수 있는 범위 내에서 최대한 청결하게 복장을 갖추려면 이 정도 조건이 필요했다.

젊었을 때는 생각해본 적도 없지만 옷을 갈아입는 것도 운동이며, 리허빌리테이션으로 활용할 수 있음을 깨달았다. 리허빌리테이션은 종류가 다양하고, 하는 목적도 사람마다 다르다.

고령자의 리허빌리테이션은 격한 운동과는 거리가 멀다. 트레이닝이라고 해도 특별한 프로그램보다는 매일 정해진 시간에 정해진 동작으로 몸의 근육을 이완시키는 정도가 좋다. 일상생활에서의 움직임만큼 좋은 리허빌리테이션은 없다. 내가 옷 갈아입기를 리허빌리테이션의 일종으로 생각하게 된 것도 그 때문이다. 귀찮아도 자주 옷을 갈아입는다. 이것도 운동이기 때문이다.

예를 들어 아침에 일어나면 먼저 화장실부터 간다. 그리고 잠옷을 벗고 착용감이 좋고 움직이기 편한 일상복으로 갈아입는다. 앞치마를 대신하는 옷이다. 이것이 첫 번째 옷 갈아입기다. 이어서 아침식사를 준비한다. 식사를 마치고 설거지가 끝나면 다시 옷을 갈아입는다. 집 주변을 산책하거나 마트에 잠깐 다녀오기 위해서다. 바지를 입고, 양말도 갈아 신는다. 기분에 따라서는 스커트도 입는다.

일주일에 한 번은 평일 오전에 남편 차로 역에 가서 전철을 타고 20분 거리의 시내에 나가기도 한다. 이때는 단순한 외출복이 아닌 슈트나 투피스를 즐겨 입는다. 전철을 이용해 식사약속 등에 나갈 때는 주로 바지를 입는다. 움직이기 편하기 때문이다. 그래도 일상과는 다른 외출이므로 나름대로 멋을 부려본다.

색을 통일하거나, 최근에 만났을 때와 비슷한 옷은 피하는 등 나 나름대로 신경을 쓴다. 이런 것도 두뇌 회전이라는 점에서 정신 건강에 도움이 된다. 전철의 난방이 강해서 곤란해지지 않도록 겨울에는 외투 안에 입는 옷도 신경을 쓴다. 여름에는 얇은 옷을 한 벌 더 준비한다. 외출하고 돌아오면 일상복으로 갈아입는다. 오후는 아침과 기온이 다르거나 기분도 조금 변했으므로 바지 대신 롱스커트를 입기도 한다.

사나흘에 한 번은 저녁에 리허빌리테이션 트레이닝을 받으러

간다. 수영복으로 갈아입어야 하므로 로커에 넣어두기 쉽고 벗기 편한 트레이닝복을 입고 간다. 운동을 하고 돌아오면 저녁시간이다. 식사 준비에 맞는 옷으로 갈아입는다. 그리고 잘 때까지 이 옷을 입고 있다가 목욕 후 잠옷으로 갈아입는다.

그렇다면 나는 왜 옷 갈아입기를 리허빌리테이션의 일종이라고 생각하게 되었을까. 건강했던 육십대 초반에는 아침에 일어나 일상복으로 갈아입을 때 겨울이라고 해도 1분이 채 안 걸렸다. 외출 직전에 정장 등을 차려입을 때도 불과 몇 분이면 충분했다. 그런데 나이가 들어 허리를 다치고, 리허빌리테이션의 필요성을 절감했을 때 옷 갈아입는 데에도 꽤 많은 신체 부위가 동원된다는 것을 알게 되었다.

허리가 갑자기 약해지면서 자리에 눕거나 일어나는 것도 쉽지 않았다. 혼자서는 속옷을 갈아입는 것도 큰일이었다. 몸을 굽히거나 손발을 움직이는 게 이토록 어려운 일인지는 그때 처음 알았다.

양말을 벗거나 신을 때, 바지를 입거나 벗을 때는 허리를 숙이고 손을 뻗는다. 아주 간단한 동작이지만 병든 허리로는 거의 불가능했다.

시간이 걸려도 옷을 갈아입을 때는 무조건 조심했다. 넘어지면 큰일이기 때문에 바지를 입는 것만 해도 한 발, 한 발 차례로 조심스레 넣었다. 컨디션이 좋은 날은 외발로 설 수 있었지만, 그렇지 않은 날은 앉아서 입거나, 벽에 등을 기대고 입어야 했다. 이런 간단한 균형잡기도 허리를 다친 나에게는 큰 운동이었고, 자연스러운 리허빌리테이션이 되었다.

 그때에 비하면 지금은 몸이 정말 좋아졌다. 그래도 옷을 갈아입을 때는 천천히 움직이고, 단순한 동작도 운동이라고 생각하며 집중한다. 옷을 다 입은 후에는 내 힘으로 옷을 벗고, 입을 수 있는 날들이 좀 더 오래 지속되기를 기도한다.

 잦은 옷 갈아입기는 신체 외적인 부분에서도 효용을 발휘한다. 하루에 몇 번씩 옷을 갈아입으려면 미리 준비를 해야 한다. 입어야 할 옷을 준비하고 손질하는 것도 꽤 번거롭다. 단추가 하나 떨어져도 잊어버리기 전에 꿰맨다. 식사 도중에 반찬을 흘렸을 때는 얼룩이 지기 전에 걸레로 닦는다. 그래도 얼룩이 남아 있으면 당장 벗어서 세탁기를 돌린다. 이런 번거로움이 나에게는 일종의 리허빌리테이션이다.

 나이가 들었어도 여자다. 옷만큼은 깨끗하게 입고 싶다. 하루에 몇 번씩 옷을 갈아입으면서 육체적인 회복뿐 아니라 정신적으로 여성성 회복에도 도움을 받고 있다. 또 기분 전환도 된다. 더러운 것이 묻지 않도록 몸가짐에 주의하게 된다. 자주 옷을 갈아입다보니 나도 모르게 패션에 대한 감각을 기르게 되었다. 요즘에는 고령자들도 밝은 색상이나 화려한 디자인의 옷을 선호한다.

혼자 집에서 빈둥거리는 날도 아무 옷이나 입지 않는다. 될 수 있으면 그날 기분과 날씨에 어울리는 옷을 입으려고 노력한다. 보는 사람이 없어도 나 혼자 거울을 보며 마음에 드는 옷을 고른다. 한때는 블라우스에 카디건이라는 정형화된 스타일만 고수했던 나인데 오히려 나이를 먹으면서 원피스도 입고, 바지도 입는 등 스타일이 다양해졌다.

긴 소매의 블라우스에 반소매 원피스를 겹쳐 입거나, 스커트 아래로 폭이 좁은 청바지를 입어보는 등 옷장을 정리하면서 이 옷, 저 옷 입다보면 운동도 되고 기분 전환도 된다. 집 근처 마트에 들르는 정도라면 반투명 티셔츠처럼 젊은 사람들이 즐겨 입는 옷을 입으면 기분이 좋아진다. 이런 노력을 통해 옷을 갈아입는 단순한 행동을 육체적·정신적 리허빌리테이션에 포함시키게 된다.

무리하지 말아야 한다

재작년 2월경부터 몸이 굳어가는 느낌이 강해졌다는 것은 앞에서도 썼다. 지금까지의 통증과는 다르게 조금만 피곤해도 허리가 무겁고, 계속해서 걸어 다니면 통증이 심해진다. 재작년 5월부터 허리 주변의 근육이 약해지더니 6월 초에는 침대에서 일어나는 것조차 힘들어지고 말았다. 어떻게든 일어날 수 있게는 되었는데 몸 상태는 예전으로 돌아가지 않고 있다.

왜 이렇게 되었을까. 몸이 이렇게 된 데에는 원인이 있을 것이다. 아마도 내가 모르는 사이에 허리에 부담을 주었는지도 모른다. 곰곰이 생각해보니 아, 그때 그래서였구나, 하고 짐작이 가는 게 있다. 나 같은 일을 겪지 않기를 바라면서 나의 체험을 소개해보기로 한다.

2월부터 눈이 쉽게 떠지지 않았다. 근육 전체의 움직임이 조금 딱딱해진 것 같은 기분이 들었다. 밤중에 화장실에서 앉았다 일어설 때, 또 아침에 몸이 굳어서 쉽게 일어날 수가 없었다. 좀 더 상태를 지켜보기로 했는데, 한 달쯤 지나자 왼쪽 무릎이 아프기 시작했다.

허리는 좋지 않아도 무릎이 아픈 적은 없었다. 우리 집은 2층집이다. 2층 침실에 장롱과 화장대가 있다. 하루에 10여 차례는 계단을 오르내린다. 계단을 오를 때마다 무릎운동이라고 생각하며 귀찮다고 여기지 않았다. 그러나 이번에는 상황이 달랐다. 혼자 고민해도 해답이 없었다. 예전에 신세를 졌던 정형외과 선생님을 찾아가 진찰을 받았다. 근육이 굳어졌고, 어쩐지 시야도 흐릿해져 좁아진 것 같다고 증세를 설명했다. 그 후 안과에서 검사를 받았는데, 다행히 시야에 문제는 없고, 백내장도 심각한 수준은 아니라는 진단을 받았다. 안경을 쓰면 걱정할 게 없다는 이야기였다.

정형외과에서는 내가 하고 있는 온수풀에서의 리허빌리테이션에 부정적인 반응을 보였다. 잠시라도 쉬는 게 좋겠다고 했다. 그러나 나이가 들수록 집착이랄까, 걱정이 많아진다. 몸이 조금 불편해도 매일 반복되는 일상만큼은 쉬지 않고 계속하고 싶다. 그래야만 마음이 놓인다. 의사에게 그런 말을 들었어도 온수풀에서의 운동은 중단할 수가 없었다. 운동을 중단하면 다리를 쓰지 못하게 될 것 같아 두려웠다. 그래서 더 생각할 것도 없이 운동을 계속했다.

때마침 남편이 전부터 계획했던 오스트레일리아 여행에 나섰다. 결혼한 딸이 시드니에 살고 있다. 남편은 허리가 좋지 못한 나를 두고는 못 가겠다고 망설였지만 기다리던 여행인 줄 알았기에 취소하지 말라고 고집을 부렸다. "난 이제 괜찮아요" 하고 웃는 얼굴로 남편을 보냈다. 남편이 없는 동안 새롭게 마음을 다잡고 열심히 노력하자고 스스로를 타일렀다. 약간 먼 레스토랑에서 친구들과 점심을 먹는 등 기분 전환을 위해 이런저런 노력을 계속했다.

하루는 쳄발로를 가르쳐주는 선생님으로부터 만나자는 연락이 왔다. 그 전날 친구들을 만나서 약간 피곤했지만 이틀 연속 외출하기로 결심했다. 남편이 없기 때문에 자동차로 데려다달라고 부탁할 수도 없었다. 아침에 일어났을 때부터 몸이 약간 무거웠지만 역까지 걸어갔다. 돌아올 때는 마트에 들를 기운도 없었다. 역에서 내려 집까지 택시를 타고 돌아왔다. 비가 내리는 것도 아니고 짐도 없는데 택시를 탔다. 정말 드문 경우였다. 그 정도로 지쳐 있었다고나 할까. 몸 상태가 이상했고, 허리도 슬슬 아파오기 시작했다.

평소에는 식사 준비 외에는 남편이 집안일을 한다. 세탁도 그렇고, 아침에 청소부터 설거지까지 남편이 해준다. 저녁식사 후에 부엌 바닥을 걸레로 닦는 것도 남편 몫이었고, 음식물 쓰레기를 버리는 것도 남편 몫이었다. 그러나 남편이 여행을 떠난 후로는 모두 내가 도맡아야 했다. 다행히 그날 저녁 여덟 시쯤 남편이 돌아왔다.

솔직히 살았다, 라고 생각했다. 마음이 안정되었음에도 시야가 흐릿했고, 몸이 경직되는 기분이었다. 무릎도 왼쪽만이 아니라 오른쪽까지 뻐근했다. 남편을 보고 긴장이 풀린 탓인지 12년 전에 겪었던 요통이 재발했다. 누웠다가 일어나기도 쉽지 않았다. 도저히 움직일 수가 없었다. 온수풀에서 리허빌리테이션 지도를 해주던 T선생에게 침대에 누운 채 전화를 걸었다. 내 이야기를 들은 T선생이 걱정스러운 목소리로 말했다.

"운동선수도 힘들게 연습한 후에는 통증이 사라질 때까지 휴식하는 법이에요. 그렇지 않고는 절대 운동을 안 해요. 남편분이 해외에 나가셔서 차로 마중 나올 사람이 없는데도 미나미 선생님은 전차를 타고 이틀이나 외출하셨어요. 몸이 아픈 게 당연해요. 그런 몸으로 또 수영장에 왔다간 큰일 나요. 이젠 계단을 이용하는 횟수도 줄여야 해요. 가능하면 높이도 낮추는 게 좋겠군요."

눈앞이 밝아지는 것 같았다. 12년 전에 허리를 다쳤다. 허리통증에서 벗어나려고 여러 가지로 노력했다. 나는 그동안 12년이라는 세월이 지났다는 것을 잊고 있었다.

내 몸에 맞는 리허빌리테이션을 반복하는 것은 매우 중요하지만, 나이를 생각해야 한다. 12년 전과 똑같은 리허빌리테이션을 고집해서는 안 된다. 피곤하면 쉴 줄도 알아야 한다. 무리라는 것을 뻔히 알면서도 어제와 똑같이 몸을 움직이겠다는 것은 만용이다. 나이가 들면 때론 움직임이 몸을 망친다. 나는 '휴식'을 지나치게 두려워했던 것 같다. 60대의 건강과 70대의 건강은 모든 면에서 다르다.

나는 반성하면서 3주일가량 휴식을 취했다. 덕분에 허리와 무릎 통증이 가라앉았고, 여름에는 구사쓰에서 요양도 할 수 있었다.

가을에 도쿄로 돌아왔다. 몸의 부담을 줄이고자 침실을 2층에서 1층으로 옮겼다. 계단은 하루에 네다섯 번만 오르내리면 된다. 수영장에서의 리허빌리테이션을 다시 시작했다. 대신 T선생의 지도로 무리는 하지 않는다. 일주일에 두 번 이상은 절대로 하지 않는다. 고령자에게 무리는 금물이다. 항상 자기 몸의 컨디션과 상의하면서 움직여야 한다.

2. 사람과 함께하다

한 장의 엽서, 그 이상의 가치

편지나 엽서를 쓸 때는 받을 친구를 떠올리며 쓴다. 그런 시간을 통해 마음이 평온해지고 따뜻해진다. 이에 덧붙여 친구가 내가 쓴 엽서를 받자마자 답장을 보내거나 전화로 안부를 물어온다면 그날은 하루 종일 기분이 들뜨고 행복하다. 이처럼 친구들과 눈에 보이지 않는 실로 연결되어 있다는 확신은 나이를 먹어가는 나 같은 고령자에게는 무엇과도 바꿀 수 없는 재산이다.

엽서를 권하는 까닭은 노화 예방에 탁월한 효과가 있기 때문이다. 손으로 글씨를 쓰고 생각을 정리해 문장을 완성하는 과정은 상당한 두뇌 운동이다. 엽서 한 장을 써서 친구에게 보내기까지 많은 과정이 있다. 그 과정들이 고령자에겐 일종의 리허빌리테이션이다.

먼저 편지지나 엽서를 사야 한다. 외출할 목적이 생기기 때문이다. 그리고 주소록을 뒤져 실수하지 않고 받는 이의 주소를 적어야 한다. 엽서가 완성되었다면 외출할 때 잊지 않고 가방에 챙긴다. 마지막으로 역 근처 우체통이나 우체국에 들러 편지를 보낸다.

솔직히 말해서 메일이 훨씬 간단하다. 일일이 엽서를 쓰는 게 귀찮을 때도 있다. 하지만 상대방에게 컴퓨터가 없거나, 휴대전화 문자 등도 익숙하지 않은 경우 연락을 취하려면 전화를 걸거나 엽서를 보내는 수밖에 없다.

엽서의 장점은 문장에 있다. 친구에게 보내는 엽서이므로 격식을 차릴 필요는 없어도 단어마다 신중해진다. 나는 별로 형식에 구애받지 않고 눈앞에 친구를 두고 이야기하듯 쓴다. 딱히 계절인사 등을 보태지는 않는다.

젊은 시절 일로 바빴을 때는 학창시절 친구들에게 기껏해야 연하장을 보내는 게 고작이었다. 요즘처럼 시간적으로 여유가 생긴 뒤로는 업무 등과 관계없는 사람에게도 괜히 엽서를 보내고 싶어진다. 특히 친한 친구들과의 편지 왕래는 정서적으로 큰 안정감을 준다.

엽서 한 장이 별것 아닌 듯 보여도 직접 쓴 글씨로 근황을 알게 되면 기분이 색다르다. 전화통화나 만남과 달리 엽서는 상대방과의 관계가 친밀하지 못해도 부담이 없다. 여행에서 만난 사람에게도 편지를 보낼 수 있고, 모임에서 우연히 같은 테이블에 앉았다는 이유만으로도 나중에 엽서를 주고받는 사이가 된다. 그런 친구들이 요즘 들어 늘어났다.

이렇게 사귄 친구들은 학창시절부터 만나고 있는 친구들과는 어딘지 모르게 다르다. 인간관계에 뒤따를 수밖에 없는 얽매임 같은 게 없다. 그래서 속내를 털어놓기도 편하고, 오랫동안 소식을 모르고 지내도 멀리 떨어져 있다는 느낌이 들지 않는다.

돌이켜보면 40대까지는 아이들과 함께 살았다. 남편도 바쁘고 나도 바빴다. 누군가에게 엽서를 쓰는 시간조차 사치스럽게 느껴졌다. 누군가에게 엽서를 받아도 답장은 생각하지 못했다. 감사를 표현하는 데 서툴렀다. 60대가 되고 마음에 여유가 생긴 후로는 딱히 용건이 없어도 생각난 김에 엽서와 편지지를 꺼낸다.

시간이 지날수록 나의 몸은 더욱 약해지고, 기력도 점차 떨어질 것이다. 그럴 때 누군가로부터 엽서 한 장이 내 앞으로 날아온다면 기쁨을 주체할 수 없을 것 같다. 그리고 대필이라도 답장을 보내고 싶어질 것이다.

침대에서 일어나지 못하는 육신이 되어도 엽서라면 얼마든지 읽을 수 있다. 하루에도 몇 번씩 읽을 수 있다. 그래서 오늘도 우체국에 들러 새로 나온 엽서가 도착했는지 확인해볼 계획이다.

오랜 친구와의 통화

"아빠, 다다 씨한테서 전화 왔어요."

30년 전, 당시 중학생이었던 딸이 일요일 낮에 전화를 받고 남편을 불렀다. 남편 친구인 다다 씨는 한두 달에 한 번, 그것도 일요일에 전화를 건다.

'다다 씨'라는 말을 듣고 우리 가족은 슬며시 웃으며 각자 방으로 들어갔다. 일요일 오후에 거실에서 텔레비전을 보거나, 식탁에 둘러앉아 과일을 먹다가도 다다 씨에게서 전화가 오면 남편을 제외한 가족 전원이 자리를 비켜준다. 앞으로 최소 30분간 남편이 다다 씨와 즐겁게 통화할 것을 알고 있기 때문이다.

남편은 다다 씨와 통화할 때를 제외하면 수화기를 그리 오래 붙잡고 있지 않는다. 통화가 끝나면 저녁을 먹으면서 기분 좋은 표정으로 다다 씨와의 통화 내용을 보고한다.

다다 씨는 남편의 중·고등학교 동창인데 대학도 다르고, 직장도 달라서 성인이 된 후에는 거의 만나지 못했다. 그럼에도 불구하고 한두 달에 한 번 나누는 전화 통화가 남편과 다다 씨의 우정을 수십 년간 지켜주고 있다. 전화가 아니었다면 두 사람의 우정은 유지되지 못했을 것이다. 일흔이 넘은 나는 이삼일에 한 번은 꼭 친구들에게 전화를 건다. 급한 볼일이 없어도 이 습관만큼은 지키려고 노력한다.

얼마 전에 동갑인 에가와 씨의 남편이 갑작스러운 수술로 입원했다는 소식을 다른 친구로부터 들었다. 나도 모르게 수화기를 들었다가 내려놓고는 엽서를 썼다. 에가와 씨는 아이들 때문에 알게 되었는데 지금까지 매우 친하게 지내는 소중한 사람이다.

에가와 씨의 남편이 입원했다는 소식을 듣고 한동안 안절부절못했다. 수술은 어떻게 되었을까, 그녀는 지금 무슨 생각을 하고 있을까. 이런저런 생각으로 머릿속이 복잡했다. 아무런 도움도 못 된다는 생각에 가슴이 아팠다.

수술 경과에 상관없이 에가와 씨는 매일 병원에 들르느라 무척 바쁠 것이다. 육체적으로도 상당히 지쳤을 것이다. 그래서 전화를 걸기가 부담스러웠다. 그렇게 일주일이 지났고, 다른 친구에게서 에가와 씨 남편이 2~3일 후 퇴원한다는 소식을 들었다. 그날 저녁 식사가 끝났을 때쯤 에가와 씨에게 전화를 걸었다.

"미나미 씨, 걱정해줘서 정말 고마워요."

에가와 씨의 목소리는 우려했던 것보다 밝았다.

"미나미 씨가 보내준 엽서가 제일 기뻤어요. 남편도 이젠 많이 좋아졌어요. 다음 주에는 퇴원할 것 같아요. 처음에는 잘못 되는 건 아닌지 싶어 걱정을 많이 했는데…."

에가와 씨는 처음 입원했을 때의 상황부터 수술을 받은 후 남편의 상태와 병상을 지키면서 걱정했던 일, 의사로부터 3~4일 후면 좋아질 것이라는 말을 듣고 남편의 고집이 다시 시작되었다는 등의 이야기를 둑이 무너진 것처럼 정신없이 쏟아냈다. 그렇게 한참을 통화한 후 에가와 씨가 말했다.

"남편이 갑자기 입원하고 수술한 뒤로 매일 병원에 갔어요. 밤이 늦어서야 돌아왔죠. 잔뜩 지쳐 있는데 친척과 친구들에게서 전화가 오는 거예요. 다들 기운 내라면서 자신의 경험을 들려줬어요. 고맙기는 했는데 전화라는 게 한번 시작하면 길어지잖아요. 솔직히 피곤할 때가 많았어요."

그날 우리의 통화는 꽤 오랫동안 계속되었다. 그녀의 남편은 입원한 지 일주일이 다 되었고 그 뒤 점차 회복되어가고 있어서 나와 전화통화를 하면서 그동안 울적했던 마음을 달랬던 것 같다.

상황을 지켜보면서 조금 늦게 전화하기를 잘했다는 생각이 들었다. 전화를 끊고 시계를 보니 30분이나 지났다. 이 전화는 문병 대신이었다. 그녀의 건강한 목소리를 들었고, 또 남편의 경과도 좋다는 반가운 소식을 듣게 되었다. 그런 의미에서 뜻깊은 30분이었다.

별다른 용건 없이도 수화기를 들 수 있다. 안부전화라는 것도 있다. 그렇다고 상대가 항상 나의 전화를 반겨주지는 않는다. 중요한 용건을 전하거나, 약속 등을 확인하기 위한 짧은 통화에서도 "혹시 지금 바쁘신 건 아니에요? 통화해도 될까요?" 하고 먼저 물어본다. 용건이 끝났다면 1~2분간의 통화로 만족하고 끊는다.

때로는 용건이 있어서 잠깐 전화한 것인데, 상대방 쪽에서 말이 길어질 때는 매우 난처하다. 서둘러 끊으려고 쌀쌀하게 대응하기보다는 이쪽에서 더 이상 이야기가 진전되지 않도록 먼저 화제를 바꾸는 것이 좋다.

바쁜 일정이 있을 때는, "미안해요. 조금 바빠서 그러는데 다시 전화할게요"라고 양해를 구한다. 이런 식으로 전화를 끊었을 때는 나중에라도 꼭 전화를 하려고 노력하게 된다. 사소해 보여도 사람 간의 배려라고 믿기 때문이다. 그렇기는 해도 좀 더 통화하고 싶은 상대방의 마음을 모른 체하고 중간에 끊으면 기분이 언짢다. 왠지 모르게 상처를 준 것 같아 미안하기도 하다. 그래서 요즘은 간단한 연락은 메일을 사용한다.

문제는 고령자 중에 메일이 익숙하지 않은 사람이 많다는 점이다. 몸과 마음이 약해진 고령자에게 잠깐의 통화는 쓸쓸함을 달래주는 좋은 친구이기도 하다. 나와 비슷한 연령의 지인 중에 남편을 잃고 혼자 노인홈에 입주한 사람이나, 모임에 불참한 사람들에게는 여유가 있을 때 안부전화를 건다.

이때도 내 형편만 고려하지 않고 상대방의 사정을 물어본다. "지금 전화해도 괜찮아요?" 하고 확인하는 것이다. 혹은 1~2분간 통화해보고 목소리가 밝거나, 그쪽에서 화제를 이어나간다면 20~30분이 넘어도 계속 통화한다.

남편과 다다 씨의 계속된 우정은 전화의 도움이 컸다. 만약 두 사람이 메일이나 문자를 사용했더라면 이렇게 오랫동안 우정을 지켜나가지는 못했을 것이다. 아무리 IT가 발달해도 얼굴을 마주하지 못하는 처지라면 목소리보다 더 큰 선물은 없다. 그런 점에서 최고의 통신수단은 세월이 흘러도 전화일 것이라고 확신한다.

남편과 대화 도중에 우연히 다다 씨 이름이 나왔다. "그러고 보니 꽤 오랫동안 다다 씨와 전화하지 않았군요" 하고 말하자 남편은 내 앞에서 수화기를 든다. 나는 언제나와 마찬가지로 조용히 일어나 내 방으로 갔다.

그날 오후 한동안 연락이 끊긴 기타자와 씨가 생각났다. 그녀는 중학교 동창이다. 규슈에 살고 있는데 꽤 오랫동안 못 만났다. 당장이라도 보고 싶지만 내 몸으로 규슈까지의 여행은 무리다. 다행히 그녀는 나보다 건강하다. 그래도 도쿄까지의 여행은 무리다. 앞으로 몇 번이나 더 만날 수 있을까. 만남은 그렇다치고 몇 번이나 더 목소리를 들을 수 있을까. 갑자기 그녀 목소리가 듣고 싶어졌다.

전화는 멀리 떨어져 있는 두 사람의 마음을 따뜻하게 이어주고, 우정을 지켜준다. 얼굴은 보지 못해도 목소리를 들을 수 있다면 서로를 생각하는 마음은 오래도록 지속된다. 전화 한 통화라고 가볍게 여기지 말고 타이밍과 수화기 저편에서 들려오는 음성을 통해 상대의 상황을 간파하고, 내 마음을 전하는 요령을 터득해야 할 것이다.

약속은 삶의 이벤트

내 몸은 60대를 기준으로 성능이 떨어지기 시작했다. 지금은 한창 때의 절반에도 못 미친다. 그만큼 많이 쇠약해졌다. 눈, 코, 귀의 감각도 예전 같지 않다. 집에서 역까지 1킬로미터인데, 꽤 부담스러운 거리로 느껴질 때가 많다. 걷는 속도도 건강할 때와 비교하면 절반이 채 못 된다.

천천히 걷고 있는 젊은이나 중년의 사람들에게도 금방 추월당한다. 그렇게 앞질러가는 그들의 뒷모습을 보고 있으면 금세 시야에서 작아진다. 그렇다고 초조해하지는 않는다. 최근 들어 이런 변화에 익숙해졌다. 받아들여야 될 부분은 받아들이는 게 순리라고 스스로를 납득시키고 있다.

몸이 좋지 않아도 하루에 30분은 반드시 걷는다. 최근 2~3년을 되돌아봤을 때 외출하지 않은 날이 거의 없다. 약간 날씨가 나빠도 어떻게든 외출한다. 요즘도 일주일에 한 번은 역에서 전철을 타고 20~30분 거리의 번화가에 간다. 주로 친구들과의 약속 때문인데, 점심을 먹은 후 그냥 돌아오지 않고 역 근처에서 간단히 쇼핑도 한다. 블라우스나 남편과 함께 먹을 과자를 사서 작은 배낭에 넣고 돌아온다.

서점에도 자주 들르는데 책은 사지 않는다. 제목과 출판사를 외워뒀다가 인터넷으로 주문하거나, 도서관에서 빌려 본다. 작년부터는 친구들과 점심은 함께해도 쇼핑은 하지 않는다. 몸에 부담이 되기 때문이다. 나이가 들수록 몸이 약해지는 것은 자연의 섭리이므로 어쩔 도리가 없다.

이런 나에게 친구와의 점심은 일상에서 맛볼 수 있는 작은 이벤트이자 생활의 자극이다. 남편도 그 점을 알기에 자신의 스케줄을 조절하면서까지 자동차로 역에 데려다준다. 역까지 걸어갔다가 돌아오면 내가 힘들어하는 것을 알기 때문이다.

사람과의 만남이 일반적인 약속이 아닌 이벤트가 되면서 잦은 만남을 피하려고 노력 중이다. 점심 약속이 잡혔을 때는 며칠 전부터 외출을 자제한다. 산책은 해도 사람이 많은 역 주변은 피한다. 근처 패밀리레스토랑에서 간단히 차를 마시는 것도 피한다. 기분은 즐거워도 몸이 피곤하다는 사실에는 변함이 없다. 그런 상태에서 약속 장소에 갔다간 허리에 부담이 된다. 또 그 주에 친구들과 만났다면 더는 약속을 잡지 않는다.

대신 이웃들과는 자주 만난다. 길에서 우연히 만나도 상대가 부담스러워하지 않는다면 집에 데려온다. 차를 마시면서 20~30분 정도 수다를 떤다. 친구들도 자주 부른다. 집에서의 만남이라면 체력을 걱정할 필요가 없다. 남편 친구들도 자주 부른다.

요즘 들어 "다음 주는 어떠세요?", 또는 "다음 달에 또 만나요"라는 말을 들을 때마다 은근히 부담스럽다. 상대방이 갑작스레 연락을 해와도 그날 컨디션이 좋지 않을 경우 외출은 삼간다. 따라서 꼭 만나야 될 상황이라면 처음부터 "○월 ○일 ○시에 만나도록 하지요"라고 구체적으로 약속한다. 덧붙여서 "내가 건강한 편이 아니라서 상황이 달라질 수도 있으니 그때는 연락할게요" 하고 미리 주의 사항을 전달한다.

형편이 나쁜데도 "약속이니까" 하고 고집을 부렸다간 돌이킬 수 없는 일이 벌어질지도 모른다. 실제로 그런 경험을 몇 차례 겪었다.

한번 정한 약속은 웬만하면 지키고 싶다. 그래서 약속한 날짜에 맞춰 컨디션을 조절한다. 무리하지 않기 위해서다. T선생도 몸에 피로를 쌓아두지 않는 것이 중요하다고 말했다. 나에겐 만남만큼이나 만나고 돌아온 다음 날 하루 종일 쉬는 것도 중요하다.

일주일이나 열흘에 한 번꼴로 바깥에서 사람들을 만난다. 그때만큼은 즐거운 시간을 보내려고 노력한다. 언제까지 이런 생활이 계속될지 모르겠으나 나의 노력 여하에 따라 몇 번의 만남이 더 주어질 수도 있고, 반대로 사라질 수도 있다. 그렇게 생각하면서 오늘 하루도 최선을 다한다.

찻집에 앉아 있는 즐거움

오십이 넘으면서 대학의 비상근 강사로 자리를 옮겼다. 매일 외출할 필요가 없어진 것이다. 그때부터 근처의 찻집에서 커피 한 잔을 앞에 두고 한 시간 정도 글을 쓰는 일상이 시작되었다. 칠십 대 중반이 된 지금은 그 시절과는 찻집의 의미가 약간은 다르다. 찻집의 새로운 발견이라고나 할까. 생각지 못했던 효용이 있음을 알게 되었다.

건강에 특별한 이상이 없어 활동적으로 생활하는 고령자들이라면 걱정이 없겠지만 나처럼 가벼운 체조와 약간의 산책조차 일일이 컨디션을 체크해야 하는 사람들이라면 200~300엔짜리 차를 파는 집 근처 가게를 적극 활용하기 바란다. 우선은 외출의 기회가 만들어진다.

현재 자신의 몸 상태에서 무리하지 않고 걸어갈 수 있는 거리에 패스트푸드점 등이 있다면 이곳에 들러 목을 축일 목적으로 현관문을 나선다. 차가 아니라면 우유도 좋다. 되도록 조용한 분위기의 찻집을 권한다. 당연히 가격도 따져봐야 한다. "이 정도라면" 하고 생각되는 곳이 발견되면 반드시 시도해보기를 권한다.

내 경우 외출할 계획이 없는 날에는 오전에 집을 나와 조금 멀리 떨어진 찻집에 간다. 오후에 30분쯤 낮잠을 자고 오전에 갔던 곳보다는 조금 가까운 찻집에 간다. 낭비를 권하려는 게 아니다. 확실한 목적을 세우고 밖을 걷자는 뜻이다. 외출의 계기는 고령자에겐 매우 중요하다. 찻집에서 쓰는 돈이 헛되다고는 생각하지 않는다. 나와 달리 건강에 자신이 있는 사람은 한 시간 거리 내에서 찻집을 찾아본다. 홍차가 맛있는 찻집, 주변 경치가 좋은 찻집 등 기분에 따라 가고 싶은 찻집을 여러 군데 물색한다.

찻집에 갈 때도 늘 같은 길로만 걸을 게 아니라 낯선 골목, 조금 돌아가는 길 등을 미리 알아둔다. 그런 작은 변화가 삶에 활력소로 작용한다. 찻집 종업원들과 몇 마디 주고받는 것도 젊은 사람과의 교류가 드문 고령자에게는 좋은 기회다. 이런 기회를 적극 활용하기 바란다. 찻집의 효용은 신체적 건강에만 국한되지 않는다. 정신적으로도 많은 도움을 준다.

하루 종일 집에서 지내는 게 나쁘다는 것은 아니지만 가족이 있거나 집안일이 쌓여 있을 경우 혼자만의 시간을 갖기가 힘들다. 집에 있으면서도 나를 돌아볼 기회가 없다. 잠깐이라도 찻집에 다녀오면 차를 마시는 동안, "오늘은 뭘 할까"라는 것부터 시작해서 사소한 일상, 사람들과의 관계 등 머릿속에 남아 있는 갖가지 문제들과 객관적으로 마주할 시간을 얻게 된다. 고령자에게도 프라

이버시가 있는 만큼 하루에 한 번쯤 자신과 단둘이 대면할 시간은 필수라고 여겨진다.

아이들도 모두 결혼하고 집을 떠났다, 남편과 단둘이 산다, 혹은 남편마저 세상을 떠나고 혼자 살고 있다, 굳이 집 밖으로 나갈 이유가 없다…. 이렇게 생각하는 고령자가 많은데 낯선 환경이라는 자극은 익숙한 공간에서는 미처 깨닫지 못했던 나의 진심이라든가, 생각을 확인시켜준다.

10분, 20분이라도 바깥 공기를 마셔본다. 집과 집 근처라는 익숙한 공간에서 벗어나 내가 모르는 장소를 걷는다. 차 한 잔을 앞에 두고 오직 나만을 바라본다. 최근에는 찻집의 또 다른 효용을 발견했다. 창밖으로 보이는 사람들을 관찰하는 즐거움이다.

자전거에 자녀를 태우고 힘차게 페달을 밟는 젊은 어머니를 보며 어린 손녀를 키우는 딸의 생활을 떠올린다. 여자 둘이 걷는 모습을 보더라도 저 사람들이 친구일까, 아니면 모녀지간일까, 모녀지간이라면 저렇게 큰 딸을 둔 여자로는 보이지 않을 만큼 어머니가 젊네, 하고 내가 모르는 사람들의 생활을 상상해본다.

오전에 찾은 찻집에서는 나와 비슷한 고령자를 주로 관찰하게 된다. 여든, 혹은 아흔이 다 된 노파가 횡단보도를 가로질러 역전 맞은편의 철교 밑을 천천히 걸어간다. 작은 체구를 지팡이에 의지하며 천천히 걸어가고 있다. 거의 백발이 된 머리카락을 뒤로 묶고 있다. 일요일 정오 무렵이었다. 거리는 한산했다. 5년 후의 내 모습 같았다. 쓸쓸하면서도 저 나이에도 외출할 수 있다니 정말 다행이다, 라고 생각했다. 집 근처 찻집은 이런 식으로 나의 생각을 정리하고 기분을 전환하는 데 최적의 장소이다.

중년까지는 넓은 공원을 한 바퀴 돌고 올 때가 많았는데 현재로서는 무리이다. 찻집을 목적지로 삼은 까닭은 거리가 내게 적당했고, 무엇보다 잠시 쉴 수 있기 때문이다. 게다가 수분 보충도 가능하다.

나이가 들수록 걷는 게 중요하다. 발과 허리가 좋지 못해도 꾸준히 걷다보면 걸을 수 있는 거리가 점차 늘어난다. 두 발로 걸을 수 있을 때 좀 더 걸어야 한다. 필요한 물건도 살 겸 상점가를 둘러보며 걷는 것도 좋지만 가끔은 집과 생활과 떨어져 색다른 분위기에서 생각에 잠겨보는 것도 몸과 정신에 좋다고 생각한다.

느티나무 그늘에서

　도쿄에 살고 있지만 시내 한복판은 아니다. 처음 이곳으로 이사했을 때는 역에서 집까지 걸어오는 내내 밭과 들판뿐이었다. 지금은 공터를 찾아보기 어렵다. 특히 최근 10년 동안 소형 맨션이 여러 채 들어섰다.

　집에서 가장 가까운 역까지 내 걸음으로 18분이다. 오전 중에 외출할 일이 있을 때는 리허빌리테이션을 겸해서 역까지 걸어간다. 30년 넘게 이 길을 매일 지나갔다. 젊었을 때는 주로 자전거였고, 지금은 무조건 걷는다. 그런데 30년 만에 새롭게 알게 된 사실이 있다.

　역으로 가는 길 한가운데에 수령 40~50년은 족히 되었을 커다란 느티나무 한 그루가 있다. 집에서 걸어서 7~8분 거리다. 매년 봄마다 가지에서 새싹과 어린잎이 피어난다. 몇 달 후가 되면 그 이파리들이 만개하여 어느새 녹음이 우거진다. 이 나무는 농네의 자랑이었다. 마을 사람 모두가 이 느티나무를 사랑했다.

　6월이 되자 날씨가 더워졌다. 집에서 나무가 있는 곳까지 걸어가는 것만으로도 숨이 막혔다. 눈부신 햇살이 사람을 더욱 지치게 만들었다. 그러던 어느 날 우연한 기회에 느티나무 그늘에 들어섰다. 어쩐지 바람이 선선하다. 답답했던 가슴이 뚫리는 기분이다. 상쾌한 공기에 기분이 차분해진다. 온도를 쟀다면 그늘 바깥보다 2~3도는 낮았을 것이다.

아쉽게도 앉아 있을 만한 곳이 없어서 잠시 걸음을 멈추고 상쾌한 바람을 호흡했다. 후텁지근했던 기분이 어디론가 날아간 것 같았다. 다시 역 쪽으로 걸음을 옮기는데 조금도 힘들지가 않았다.

집에 돌아와서 남편에게 그 이야기를 했더니, "나도 그런 적이 있어. 나무는 정말 대단한 것 같아." 하고 맞장구를 쳤다. 30년 넘게 느티나무 밑을 지나갔음에도 남편이나 나나 최근에야 나무의 고마움을 깨닫게 된 것이다.

7월에는 구사쓰의 여관에서 지낸다. 오전에 산책을 하는데 여관에서 7~8분 떨어진 등산로를 주로 걷는다. 등산로 곳곳에 벤치가 있어서 걷다가 쉬기를 반복하며 신록을 즐겼다. 바람이 부는 날은 나무들 사이로 산들바람이 흐른다. 바람이 없는 날에도 초록색 이파리에서 숨결이 느껴진다. 뭐라 말하기 어려운 신선한 공기가 주위를 감싸는 느낌이다.

그 상쾌한 공기를 천천히 호흡한다. 복식호흡이다. 최대한 많이 들이마시고 천천히 내뱉는다. 심호흡을 두서너 번만 해도 내 몸이 깨끗해진 것 같다. 도심에서는 맛볼 수 없는 상쾌함, 신선함이다. 나무의 선물이다.

벤치 앞에 커다란 나무가 있다. 그 너머로 종류가 다른 나무가 몇 그루 보인다. 200~300미터 떨어진 맞은편은 녹색에 뒤덮인 산길이다. 어디를 보나 초록빛이다. 부자가 된 기분이다. 그때 문득 생각나는 것이 있었다. 우리 집 근처에 있는 느티나무였다.

집 근처에 그늘을 만드는 나무라곤 이 느티나무뿐이다. 그럼에도 이 나무 곁에 있으면 여름의 더위가 느껴지지 않는다. 그늘 밑은 신선한 오아시스다.

30년 이상 같은 동네에 살았고, 매일 그 나무를 지나갔다. 봄마다 새싹이 트고, 새싹은 어느새 잎이 되어 무성한 그늘을 만들어 낸다는 것을 알고 있었으면서도 그것을 고마워할 줄 몰랐다. 오늘도 느티나무 곁을 지나갔다. 나무란 얼마나 멋진 생물일까. 나무 한 그루로 세상은 전혀 다른 곳이 되고, 삭막했던 도시에 녹음이 펼쳐진다.

올해 처음 그 같은 사실을 깨달은 나 자신에게 어이가 없었다. 나이를 먹을수록 전에는 보지 못했던 주변이 보인다. 말없이 '존재' 하는 것들에 눈길이 미친다. 육신이 쇠해지는 만큼 마음이 성장했다고 할까. 자연이 지닌 다정함을 나이가 들어서야 받아들이게 되었다. 그 고마움에 감사할 줄 알게 되었다.

인간은 자연의 섭리로 태어난다. 주어진 역할이 끝나고 최후에는 다시 자연으로 돌아간다. 느티나무 그늘에서 잠시 햇빛을 피하면서 생각했다. 그것을 알게 되기까지 많은 세월이 걸렸다. 비록 몸은 늙어버렸지만 나이를 먹는 게 결코 나쁘지 않다는 것을 알게 되었다.

취미를 즐기다

정년을 기회로 지금껏 하고 싶었음에도 할 수 없었던 취미생활이나 운동을 본격적으로 시작하는 사람이 많다. 종류에 구애될 것 없이 현재의 조건과 맞는다면 고령이 된 이후라도, "오래전부터 이걸 해보고 싶었어", "지금부터라도 배우고 싶어"라는 새로운 꿈을 실천해본다. 상상 이상으로 생활이 즐거워지고 의욕이 넘친다.

나는 초등학교 때 3년간 피아노를 배웠다. 음악을 좋아해서 피아니스트를 꿈꾼 적도 있다. 피아노의 아름다운 소리는 원하는 소리를 내려면 상당한 체력이 필요하다. 강한 음은 손가락만이 아니라 온몸으로 연주해야 한다.

64세에 허리를 다치고 6년이 지났을 때다. 캐나다 밴쿠버에 사는 일본인 친구가 찾아왔다. 그 역시 몸이 좋지 못했다. 남편과 이런저런 이야기 끝에 그 친구는, "이웃에 쳄발로를 만드는 사람이 살아요. 집사람과 상의해서 얼마 전에 주문했습니다. 캐나다로 돌아가면 완성되어 있을 거예요."라고 했다. 머릿속에서 뭔가가 번뜩이는 것을 느끼며, "나도 필요해요. 내 것도 주문해주세요" 하고 부탁해버렸다. 반년 후 쳄발로가 완성되었고, 캐나다에서 날아왔다. 나는 그때까지 쳄발로를 연주해본 적이 없었다.

피아노와 비슷하게 생겼는데 목재 반향판 위에 하프 같은 현이 있다. 옛날에는 새의 날개뼈를 손톱처럼 깎아서 소리를 냈다고 한다(지금은 특별 제조한 플라스틱을 사용한다). 피아노와 똑같이 생긴 전면의 건반을 누르면 그 손톱이 현을 튕겨 소리를 내는 구조다. 피아노보다 울림이 훨씬 부드럽다. 건반을 연주하는 데 피아노만큼의 체력도 필요 없다.

쳄발로를 취미로 삼은 지 어느덧 6년이다. 거의 매일 쳄발로 앞에 앉아서 건반을 두드린다. 누구에게 강요받는 것도 아니다. 하물며 선생이 된다든가, 사람들 앞에서 연주할 목적도 없다. 내가 연주하고 싶을 때 연주할 뿐이다. 쳄발로는 나이가 든 후에도 뭔가를 할 수 있다는 자신감의 원천이다. 쳄발로를 연주할 때마다 아름다운 소리가 나를 격려해준다.

아이들을 키우며 직장에 다닐 때는 하루가 어떻게 지나가는지도 몰랐다. 나를 위한 시간 따위는 사치였다. 나에게 뭔가 해주고 싶다는 생각도 들지 않았다. 젊은 날을 나처럼 가족과 일에 바친 사람이 대부분일 것이다. 은퇴 후에도 늦지 않다. 시간적인 여유가 찾아왔을 때 그동안 하고 싶었던 일들에 도전하기 바란다. '취미' 란 자신의 기호이므로 가족들과 상의할 필요도 없다. 일단 해

보고 기대와 다르면 그만둔다. 그렇게 몇 번이든 도전하면 도전만으로도 은퇴 후의 삶이 충실해진다.

30년 전에는 남편의 일 때문에 3년간 캐나다에서 지냈다. 귀국 후 근처에 사는 미국인 선교사 부인과 친해졌는데 그때 그녀로부터 들은 이야기다.

그녀의 양친은 미국의 개척농민으로 서해안에 살았다. 아버지가 세상을 떠난 후에도 어머니가 자녀들을 훌륭하게 키웠다고 한다. 그녀의 어머니는 연금이 나오는 나이까지 일했다. 그러던 어느 날 앞으로 10년간 지금껏 못했던 취미생활을 할 텐데, 2년간 최소 다섯 가지는 새로운 것을 배우겠다고 딸들 앞에서 선언했다고 한다. 결국 그녀의 어머니는 낮에는 그림을 그리고 밤에는 도자기를 굽고 있다는 것이다. 그때는 실감이 나지 않았는데 60대 중반을 지나면서 가끔 그 이야기가 생각난다.

취미생활의 종류에는 뭔가를 배우는 것만 있는 게 아니다. 남편이 정년퇴직한 후 한동안 내 친구들이 우리 집에서 남편에게 마작을 배웠다. 모두 가정이 있는 건전한 주부들로 마작패는 만져본 적도 없는 사람들이었다. 정월에 친척들이 마작을 두는 건 몇 번 봤어도 룰도 모르고, 점수 계산도 전혀 할 줄 몰랐다.

그래서 한 달에 두 번씩 우리 집에서 점심을 먹고 저녁까지 남편에게 마작을 배우기로 했다. 어떤 내기도 없고, 수업료도 없이 6년째 계속되고 있다. 그 중 한 명인 나카야마 씨가 남편이 병원에 입원했다가 얼마 전에 세상을 떠나 한동안 참석을 못했는데, 요즘은 다시 참가하고 있다.

나카야마 씨는 한 시간 가까이 전철을 타고 온다. 참석자 대부분이 전철을 이용하기 때문에 남편이 역까지 차로 마중을 나간다. 마작 수업이 저녁 다섯 시에 끝나면 그 후에는 소파에 앉아 과자를 먹으며 여자들만의 수다가 이어진다. 그리고 여섯 시쯤 남편이 차로 역까지 데려다준다.

나는 이 수업에 참석하지 않는다. 마작이라면 어렸을 때 어른들로부터 배웠고 나만의 스케줄이 있기 때문이다. 대신 수업이 끝나면 함께 차를 마시며 그날의 승부 결과를 재미나게 듣는다. 이렇게 그룹을 만들어 함께 놀이를 즐기다보면 혼자 즐길 때와는 다른 재미가 있다. 언젠가 배드민턴을 좋아하는 한 친구가 이런 말을 했다.

"미나미 씨처럼 혼자 악기를 연주하는 것도 좋지만 사람들과 어울려 운동을 하면 우울했던 기분이 단번에 날아가요."

그럴 것이라고 생각한다. 운동은 가장 손쉽게 접근할 수 있는 취미생활이지만 나이와 체력 때문에 포기하는 사람도 있다. 마작 같은 실내게임이라면 가능할 것이다. 60대인 내 여동생은 동창들과 정기적으로 만나 카드(브리지)를 한다. 자원봉사활동도 좋지만 이런 식으로 한 달에 몇 번씩 모여 아이들처럼 승부를 즐기는 것도 나쁘지 않다.

'할머니' 라고 부르지 마세요

　재작년 여름 우리가 지냈던 여관은 사치스러운 곳은 아니어도 종업원들의 서비스는 무척 친절했다. 숙박객은 많을 때는 40명 정도였고, 일하는 사람은 대부분 여자였다. 지배인, 요리사도 여자였다. 이 밖에 30세 전후의 여성 두 명(이 사람들은 매니저가 없을 때 매니저 역할을 했다), 주부로 보이는 아르바이트 중년 여성 세 명, 그리고 갓 대학생이 되었다는 젊은 남자 한 명, 이렇게 여덟 명이 교대로 식사 준비 같은 잡무를 맡았다.

　숙박객의 대부분은 4~5일 머물렀다. 우리 부부처럼 50일씩 지내는 사람은 없었는데 우리는 그 기간 동안 종업원들에게 많은 도움을 받았다. 지금 생각해도 참 고마운 사람들이다.

　어느 날 친구 부부가 여관에 놀러 와서 하룻밤을 지냈는데, 친구 부부를 배웅하는 길에 우리 부부도 차로 30분 거리인 쇼핑센터에 들르기로 했다. 이곳에 꽤 유명한 제과점이 있었는데 종업원들에게 선물할 생과자를 살 작정이었다.

　친구 부부와 밖으로 나가다가 복도에서 마주친 종업원에게 물었다. "오늘 저녁 주방에서 일하는 분은 누구죠?" 생과자는 보관이 어려워서 한꺼번에 많이 살 수가 없다. 오늘 일하는 사람이 누군지 알아둔 후 그분이 좋아할 만한 과자를 선물하고 싶었다.

"요리사인 S씨와 할머니인데요…."

할머니라는 사람은 파트타이머로 일하는 중년의 T씨였다. 몸집이 작아서 겉으로 보기에는 50대쯤인 것 같았는데, 다정한 성격으로 식당에서 눈이 마주치면 항상 먼저 인사를 건넨다. 그녀가 저녁식사를 담당하는 날에는 튀김이 자주 나온다. 솜씨가 좋아서 조금 식어도 바삭바삭하다. 요리뿐만 아니라 어떤 일을 맡겨도 열심히 한다.

그래서 '할머니'라는 호칭에 상처를 받았다. 나를 할머니라고 부른 것도 아니다. 그리고 그 종업원도 그녀 앞에서는 대놓고 '할머니'라고 부르지는 않을 것이다.

친구 부부를 배웅하고 쇼핑센터에서 생과자를 샀다. 여관으로 돌아오는 차 안에서 남편에게 그 이야기를 했다.

"히라리(나의 손녀)에게 '할머니'라는 말을 듣는 건 당연하니까 아무렇지도 않아요. 하지만 다른 사람이 나를 사모님이나, 미나미 씨가 아닌 '할머니'라고 부른다면, 태도가 공손해도 상처 받을 것 같아요. 속으로 내가 왜 당신 할머니예요, 라고 할 거예요."

남편은 "그럼 히라리 할머니, 라고 부르는 건 괜찮아?" 하고 물으면서, "부르는 방법도 여러 가지군" 하고 웃었다.

여관까지 우리를 찾아온 친구 부부 중 남편인 H씨를 먼저 알게 되었다. 2년 전 내가 어느 지방자치단체에서 강연할 때 H씨와 만난 후 계속 교제하고 있다. 아내인 E씨와도 자연스레 친해져 2년 전 크리스마스에는 부부 동반으로 함께 식사를 하기도 했다.

H씨는 부부가 동반한 자리에서도 아주 자연스럽게 나를 성(姓)이 아닌 '가즈코 씨'라고 부른다. '오쿠상(남의 아내의 높임말)'이라기보다 '가즈코 씨'라고 불러주면 나도 나이를 잊고 순수한 마음으로 상대방을 대할 수 있게 된다. 하지만 나는 H씨를 이름으로 부르지는 못한다.

그 뒤 남편에게 "당신은 H씨의 아내를 어떻게 불렀어요?"라고 물어보자, "나도 H씨가 당신을 부르는 식으로 'E씨'라고 이름으로 불렀어." 하고 선뜻 대답했다.

나는 캐나다에서 산 적도 있고, 귀국 후 여러 나라 사람들과 친구로 지냈기 때문에 외국에서 온 친구들과는 성 대신 이름으로 부른다. 결혼 전에 구부정한 자세 때문에 '할머니' 같다는 말을 듣고 충격을 받았는데, 어느새 낯선 사람이 '할머니'라고 불러도 딱히 반박할 말이 없는 나이가 되었다.

일본에서는 기본적으로 타인을 부를 때 성으로 부른다. 그것이 예의이기는 하지만 고령자가 된 후에는 개인적인 친분관계가 있는 사람들끼리는 남녀불문하고 이름으로 부르는 게 좋다고 생각한다.

 간호봉사원들에게도 그렇게 부탁해보는 것이 어떨까. 요즘 일본에서는 간호훈련을 받고 현장에서 일하는 동남아시아인이 늘어나고 있다. 그들이 간호봉사원으로 활동하는 실버타운도 점차 늘어나고 있다.

 일본과 달리 동남아시아 등은 성보다는 이름으로 부른다. 서로 더 친근하게 지내고 싶다면 그들 방식을 따르는 것이 좋다. "에미 씨", "게이코 씨" 이렇게 서로 이름으로 부르면 국적의 차이에서 느껴지는 벽도 사라지고 친근감도 생긴다. 그리고 더 젊어 보일 것 같다.

인간의 마지막은 혼자다

어렸을 때부터 혼자 집 지키는 것을 싫어했다. 일곱 살 때 한 살 된 여동생이 죽고 열두 살 무렵에 지금의 여동생이 태어났다. 그래서 열두 살까지는 외동딸로 지냈는데 그때의 버릇이 여전히 남아서 혼자 있는 것을 싫어하는지도 모르겠다.

대학생이 되어 집에 사람이 없으면 어쩐지 무서웠다. 무서웠다기보다는 외로움이 견딜 수 없이 싫었다. 결혼하고 딸들이 태어났다. 딸들은 성장하여 밤늦게 집에 들어오거나, 친구 집에서 자고 오곤 했는데 그런 날 남편까지 출장을 떠났을 때는 정말이지 쓸쓸했다.

하지만 언제까지고 혼자 있기 싫다고 어리광을 부릴 수는 없다. 언젠가는 남편이 내 곁을 떠날 것이다. 사람들에게 내색도 할 수 없다. 몇 십 년 동안 성인으로서 사회적인 책임을 다해왔는데 이제 와서 어린애 같은 투정을 부리느냐는 말을 들을 것만 같다.

혼자 지내는 게 쓸쓸하다는 투정은 그렇다 처도 진짜 혼자가 되었을 때 주위 사람들에게 폐를 끼치고 싶지는 않다. 혼자가 되더니 사람이 약해졌다는 말은 듣고 싶지 않다. 그래서 지금부터 이런저런 준비를 해두려고 생각한다.

　2년 전 여름 구사쓰에서 남편과 함께 50일 동안 머물렀을 때 일이다. 병원 진료와 집안일 때문에 남편이 닷새 동안 도쿄에 가게 되었다.

　"오랜만에 가는 도쿄인데 형제들끼리 골프도 치고, 친구들과 마작도 하세요." 말은 그렇게 했지만 속으로는 약간 후회가 되었다.

　허리가 좋지 않아 무더운 도쿄를 피해 온천으로 유명한 구사쓰에서 요양 중이었는데 남편과 떨어지고 싶지 않다는 이유만으로 몇 시간씩 차를 탈 수는 없는 노릇이었다. 그렇다고 내 입장만 생각해서 볼일이 있는 남편을 가지 말라고 붙잡아둘 수도 없었다. 그건 늘 나를 배려해주는 남편에게 미안한 일이었다. 그래서 남편 앞에서는 허세를 부리며 "괜찮아요"라고 말했지만 구사쓰의 여관에서 혼자 지낸다는 게 어쩐지 외로웠다.

　남편이 출발하는 날 아무렇지 않은 표정으로, "잘 다녀와요" 하고 말했지만 속으로는 '닷새만 참으면 돼' 하고 생각했다. 하루가 지난 뒤에는 '이제 4일 남았다' 라고 좋아했다.

　남편도 혼자 지내는 것을 싫어하는 내 성격을 알고 있어서 젊은 연인들처럼 사랑을 속삭이지는 않아도 매일 저녁 전화를 걸어주었고, 집에 온 편지를 보내주기도 했다. 남편이 골프장에 가던 날 텔레비전에서 "도쿄는 오늘 36도로 무덥습니다"라는 일기예보를 보고는 혹시나, 하는 마음에 전화를 걸어 안부를 묻기도 했다.

구사쓰에서 혼자 지내는 동안 여관에서 아침과 저녁식사를 준비해주었고, 방청소에 침대 정리까지 도맡아서 해주었다. 온천도 하고 싶을 때 마음대로 할 수 있어서 부족함이 없었지만 그래도 차마 여관 종업원들에게 부탁할 수 없는 자잘한 불편함이 있었다. 다시 한 번 남편의 소중함을 깨닫고 감사한 마음이 들었다.

점심식사를 여관에서는 제공하지 않았다. 남편이 있을 때는 차를 타고 식당에 가거나 근처 편의점에서 도시락을 사 오곤 했다. 하지만 내 몸 상태로는 편의점까지 걸어갈 수가 없어서 조그만 슈퍼마켓에서 빵과 우유로 점심을 해결했다. 그럴수록 "혼자 있는 건 정말 싫어. 그이가 있어야 돼" 하고 아이 같은 생각만 하게 된다. 만약 정말로 남편이 세상에서 사라진다면 이런 투정도 통하지 않는다.

언젠가는 그런 날이 찾아올 것이다. 미래에 대한 가정은 큰 의미가 없다는 것을 잘 알고 있다. 하지만 분명한 사실은 남편이 내 곁을 떠났을 때는 내 몸이 지금보다 훨씬 약해져서 혼자서는 살아가기 힘들 것이라는 점이다.

그런 상황을 견뎌내야 한다. 그것이 나에게 주어진 남은 삶이다.

내 주위에 비슷한 연배로서 동반자를 잃은 사람이 몇 명 있다. 각자의 속마음까지는 알지 못하지만 성격도 밝고, 친구도 많은 사람임에도 한동안은 무척 괴로워했다. 간단한 전화통화도 어려울 정도였다. 시간이 지나고 정신적으로 회복된 후에도 떠나간 남편 이야기가 나오면 금세 울먹거렸다. 우리 중에 성격이 무척 밝은 한 친구는 남편이 죽고 반 년 가까이 괴로워했다. 그녀라면 이런 슬픔도 쉽게 이겨내리라 생각했던 나로서는 적잖은 충격이었다.

그로부터 반 년이 더 흘러 남편이 세상을 떠난 지 1년이 되었을 때 그녀는 다시 우리 모임에 참석했다. 함께 외출도 하고 여행도 즐겼다. 원상태로 회복되기까지 1년이라는 세월이 필요했던 것이다.

남편을 잃은 슬픔에는 나이가 없다. 돌봐야 될 자녀들과 생활 때문에 가슴에 묻어둘 뿐이다. 마음의 여유가 없기에 쫓기듯이 떠나간 사람을 잊는 경우도 있을 것이다.

아직 젊으니까, 또는 다 늙었으니까 반려자를 상실한 슬픔에서 쉽게 극복되리라고 생각하는 것은 잘못이다. 나이를 먹고 젊은 날의 열정은 사라졌다고 해도 수십 년을 함께 지내온 애틋한 마음은 설명할 길이 없다. 함께 기력을 잃고, 아프고, 쇠해졌던 추억이 그대로 남아 있다. 어느 순간부터 공기 같은 존재가 되었기에 떠난 자리를 누구도 대신해줄 수가 없다. 위로가 불가능한 것이다. 안타깝게도 모든 인간은 '죽음'으로부터 도망치지 못한다. '인간의 마지막은 혼자'라는 것은 불가항력이다. 혼자 지내는 것을 싫어하는 나로서는 도저히 견뎌낼 자신이 없다.

  그렇더라도 인생은 내 뜻과 달리 정해진 시간을 향해 달려간다. 남편이 먼저일지, 내가 먼저일지 아무도 모른다. 아무것도 모르기에 걱정하기보다는 오늘을 소중히 사랑하는 수밖에 없다. 그것을 알면서도 나는 남편이 떠난 후를 생각하며 홀로 고민한다.

배우자를 잃은 친구에게

"당신이 만일 사라진다면…." 남편과의 대화 중에 이런 말을 꺼내는 일이 잦아졌다.

"어쩐지 내가 먼저 죽기를 기다리는 것 같군." 남편은 웃으면서 그렇게 한마디 툭 던진다.

나는 약간 당황하며 변명한다.

"당신은 혼자 남더라도 어려울 게 없잖아요. 어차피 내 도움은 필요도 없고, 내가 죽으면 다음 날부터 마음대로 해외여행도 할 수 있고. 나는 괜찮으니까 같이 살자는 여자가 생기면 같이 살아요."

농담이 아니라 진심으로 그렇게 말했다.

내 친구들만 보더라도 일흔을 넘기면서 동반자와 작별하는 경우가 많다.

나와 가장 친하게 지내는 친구의 남편이 세상을 떠났다고 그녀의 딸로부터 전화를 받았을 때는 정말이지 가슴이 아팠다. 그 친구와 알고 지낸 지 몇 십 년이고 그녀의 남편도 자주 만났다. 그녀의 남편은 병이 점점 깊어져서 결국 입원했는데 곧 사망하고 말았다. 짐작은 하고 있었지만 그래도 친구의 마음을 생각하니 나까지 괴로워져서 그날 밤은 제대로 잠을 못 이루었다.

이튿날 아침, 나는 남편에게 친구의 집까지 바래다달라고 부탁했다. 문상객 때문에 친구의 집안이 어수선할지도 모른다는 것을 생각할 여유가 없었다.

전날 밤 병원에서 유체를 집으로 옮겼다. 내가 도착했을 때는 침대에 유체가 안치되어 있었다. 현관에서 나를 본 친구는 말없이 손을 잡고 침실로 데려갔다. 아들과 딸도 들어오지 못하게끔 문을 잠그더니 나를 껴안고는 큰소리로 울기 시작했다.

그녀와 나는 동갑이다. 오랫동안 사귀어 그들 부부의 관계를 잘 알고 있다. 친구의 남편은 침착하고 아내가 원하는 대로 따르는 사람이었다. 그러나 실은 그녀가 남편을 더 사랑하고 존경했다. 친구는 한참을 울고는 간신히 고개를 들고, "마지막으로 얼굴이나 봐줘요"라면서 유체에 씌운 천을 살며시 젖혔다. 나는 두 손을 모으고 마지막 인사를 건넸다.

초상이 나면 정신이 없다. 특히 초상 난 다음 날 아침은 슬퍼할 여유도 없다. 내가 있어봐야 도움이 되는 것도 아니어서 그렇게 위로를 전하고 집으로 돌아왔다. 장례식에도 남편만 참석했다. 내 몸으로는 오래 버틸 수가 없기 때문이다.

훗날 친구에게서 전화가 왔다. 나의 갑작스러운 아침 방문에 감사하면서 또 목소리에 울음이 섞여 있었다. 그 뒤로도 나와 통화할 때면 금방 울먹였다. 남편 이야기가 나오지는 않았지만 괜한 일에 자주 울음을 터뜨리곤 했다. 그만큼 심리적으로 약해진 것이다.

그녀는 하루에도 몇 번씩 "아, 이제 그이는 없지" 하고 달라진 생활을 깨닫고 눈물을 흘릴 것이다. 나의 경우는 남편이 어쨌든 건강하고 나를 돌봐주고 있다. 그 고마움은 말로 표현하기 어렵다. 특히 남편을 먼저 떠나보낸 친구들과 만날 때마다 그런 생각을 더 많이 한다.

남편을 떠나보내고 일상으로 돌아오지 못하는 친구도 있다. 전화통화도 없고, 편지를 보내도 답장이 오지 않는다. 반대로 "성묘에 갈 텐데 같이 가줄래요?" 하고 부탁하는 친구도 있다. 솔직히 이런 말을 들으면 안심이 된다. "미나미 씨는 다행이에요. 남편이 건강하셔서"라고 부러운 듯이 말하곤 하는데, 그녀들이 배우자를 잃은 충격에서 회복되었기 때문에 이처럼 자기 감정을 드러낼 수 있다고 생각한다.

동반자를 잃은 슬픔, 특히 고령에 배우자를 상실한 슬픔은 상당한 충격이다. 남편이 건강하지만 외출하고 돌아올 때까지는 은근히 신경이 쓰인다. 혹시라도 밖에서 무슨 일을 당하지는 않았을까, 어린아이처럼 불안해질 때도 있다. 남편이 세상을 떠나기 전에 나름대로 마음의 준비를 해둬야 한다고 생각하지만 어디까지나 말뿐이지 한 치 앞을 모르는 인생에서 그런 준비를 할 수 있는 사람은 없다.

  남편을 잃은 친구들에게 뭐라고 위로를 해야 하는지도 모른다. 언젠가는 나도 그녀들의 뒤를 따라갈 것이다. 남의 일이 아닌 머잖아 겪게 될 내 일이라고 생각하면서 친구들 뒤를 지켜보며 위로해주는 것이 고작이다.

연상의 친구에 대하여

　대학이나 고교 은사 중에는 존경할 만한 선생님이 몇 분 계셨지만 나보다 몇 해 연상인 친구나 지인, 친척들 중에서 본보기로 삼을 만한 사람을 찾기란 꽤 어렵다. 가야마 씨는 20년 넘게 사귀고 있는 연상의 친구다. 첫 만남부터 매력적인 사람이라는 인상을 강하게 받았다. 그녀와 만날 때마다 새로운 것을 배우게 되곤 했다.

　가야마 씨와 처음 만난 것은 내가 40대 후반일 때다. 남편이 전근하는 바람에 캐나다에서 3년간 지낸 후 귀국해서 재일외국인과 교류하는 여성모임을 만들었다. 요즘 유행하는 NGO(비정부조직)와 비슷한 형태로, 일본에 거주하는 외국인과 좀 더 진솔하게 만남을 이어가자는 것이 취지였다. 회원 중 누군가의 집에서 파티를 열면 각자 집에서 만든 간단한 요리를 들고 참석하고 외국인들도 손수 만든 자기 나라 음식을 준비한다. 그 파티에 가야마 씨가 친구의 권유로 참석하게 되었다.

　그 당시 가야마 씨는 기모노 교실 선생님이었다. 모임에 처음 참석하던 날 그녀는 멋진 기모노를 입고 왔는데 그 모습을 보고 많은 외국인이 기뻐했다. 부인들은 그녀에게 "기모노를 입고 사진을 찍었으면 좋겠다"고 부탁했다.

다음 모임 장소는 어느 아시아 국가의 대사관저였다. 그곳에 30명 가까운 외국인이 모였는데 가야마 씨의 도움으로 모두 기모노를 입었다. 가야마 씨의 제자들까지 참석해서 수고해주었다.

가야마 씨는 제자들에게 지시를 내리고, 외국인들이 불편하지 않도록 간단한 영어로 설명을 덧붙이면서 분위기를 화기애애하게 이끌었다. 낯선 기모노 착용에 외국인들은 조금도 힘들어하지 않고 즐거운 시간을 보냈다. 그날 가야마 씨의 활약은 정말 인상 깊었다.

벌써 20여 년 전 일이다. 지금처럼 해외여행이 흔할 때도 아니었다. 그 모임에 출석한 일본인 중에 외국을 경험한 사람은 거의 없었다. 나중에 알고 보니 가야마 씨는 전쟁 전에 미션스쿨을 다녀서 간단한 회화 정도는 무리 없이 가능했다. 그녀는 외국인 앞에서도 주눅이 들거나 하지는 않았다. 발음이나 어휘가 부족하기는 했지만 눈치껏 상대방의 기분을 맞춰주면서 그 사람에게 어울리는 기모노와 띠를 골라 입혀주었다. 옷을 입히는 동안에도 쉴 새 없이 칭찬이 이어졌다. 같은 기모노를 두 사람이 선택했을 때는 먼저 한 사람에게 입혀 사진을 찍고는 그에게, "다른 옷도 한번 입어보시겠어요?" 하고 자연스레 벗겨서 다음 사람에게 입히는 지혜도 발휘했다.

언젠가 들은 이야기인데 가야마 씨는 도쿄의 상공업지대인 간다 근처에서 자랐다고 한다. 거기서 남편을 만났고, 결혼 후에도 간다 근처에서 신혼집을 구했는데 도쿄도에서 경영하는 11층짜리 공용주택의 10층이었다고 한다.

교외에 땅을 구해 집을 짓고 싶다는 생각도 해봤지만 간다 역까지 2~3분, 미쓰코시 백화점까지 걸어서 5분 거리인 공용주택에 남기로 했는데 이것도 그녀의 선택이었다. 내 집을 갖는 것도 좋지만 집 짓는 데 들어가는 돈으로 부부가 즐거워질 수 있는 방법을 찾는 게 더 효율적이라고 생각했다고 한다.

내 집을 갖는 것을 포기하고 가장 먼저 결정한 것은 아침마다 근처의 프티호텔(설비와 식사 등이 알차고 세련된 소형 호텔)에서 남편과 산책 겸 아침을 먹는 일이었다. 점심과 저녁을 호텔 레스토랑 등에서 먹는 경우는 흔하지만 아침식사를 호텔에서 해결한다는 것은 확실히 가야마 씨다웠다.

한번은 그녀의 집에 들러 차를 마신 적이 있다. 다다미 여섯 장짜리 방인데 당지(唐紙. 무늬가 화려한 종이)를 칸막이로 삼아 남편 방과 그녀의 방을 나눠놓았었다. 벽에 장롱 두 개를 나란히 붙여놓았고, 그 위에 신사복 등을 담아놓은 박스 두 개를 올려놓았다.

그 박스에는 훗날 장례식에 사용할 영정사진과 직접 만든 수의를 넣어두었다고 한다. 가족이 아닌 사람이 이 상자를 열더라도 어떤 용도로 사용해야 되는지 알 수 있도록 단골병원 이름과 보험증 사본까지 챙겨뒀다면서 가야마 씨는 환하게 웃었다.

이런 가야마 씨였기에 그녀가 모임에 참석하면 항상 뭔가를 기대하게 되었다. 뭔가를 배운다고 할까, 생각의 폭이 넓어진다고나 할까. 나보다 연상인 사람이 세상을 살아가는 눈과 태도를 곁에서 가르침 받는 기분이었다. 그녀와의 대화는 항상 즐거웠다. 나보다 6~7세 연상임에도 매사에 수완이 있었다. 상황에 맞게 능동적으로 대처하는 그녀를 보고 있으면 항상 감탄사가 나왔다. 나를 포함해서 모임의 여성회원들은 가야마 씨처럼 되고 싶다고 생각했다.

가야마 씨와 20년 넘게 만나면서 단 한 번도, "남편이 돌아올 시간이에요. 그만 가봐야겠어요"라거나, "남편은 내가 없으면 밥도 못 차려먹어요. 귀찮아 죽겠어요…" 하고 남편과 관련한 푸념을 입에 올린 적이 없다.

가야마 씨의 남편은 그녀보다 10세 연상이다. 가야마 씨의 지혜로움과 결단력 등 여자가 봐도 빛나는 매력에 매료되어 결혼했을 것이다. 그녀의 남편도 인품이 훌륭했다. 나이에 구애받지 않고 젊은 아가씨처럼 자신이 하고 싶은 일을 발견하면 반드시 도전하고야마는 가야마 씨를 위해 남편이 베풀 수 있는 도움을 아끼지 않았다.

 가야마 씨의 남편이 직장에서 은퇴하고 건강에 조금씩 이상이 생기기 시작했을 무렵, "우린 한 달에 두 번씩 온천에 가서 2~3일씩 묵고 와요."라는 말을 가야마 씨에게서 들었다.

 그녀가 아직 기모노 교실을 운영하고 있을 때였다. 그 이상의 사연은 듣지 못했지만 몸이 약해진 남편과 한 달에 2~3번씩, 그것도 며칠씩 온천에 머문다는 것은 그녀의 스케줄상 호락호락한 일이 아니다. 남편에게 봉사할 시간을 만들기 위해 그녀는 평소에 더 많은 업무를 책임졌을 것이다.

 남편이 집에 있는 시간이 늘어나면서 가야마 씨도 조금씩 일을 줄여나갔다. 3년 전에는 항상 기모노만 고집하던 가야마 씨가 양장을 입고 나타났다. 모자까지 썼는데, 곱슬곱슬한 백발의 옆머리가 무척 아름다워 보였다. 헤어스타일도 기모노를 입을 때와는 완전히 달라서 다른 사람 같았다. 화려한 정장은 아니었지만 둥근 얼굴과 조금 큰 눈이 옷과 잘 어울려서 나이보다 귀여워 보였다. 그 후로 가야마 씨는 그토록 좋아하는 기모노를 더 이상 입지 않았다.

 "기모노 교실은 그만뒀어요. 천이나 옷도 교실의 젊은 선생들에게 나눠줬어요. 요즘은 이걸 만들어요. 아주 재미있어요. 염색하기 쉬운 물감도 많이 팔아서 찌리맨(견직물의 일종. 바탕이 쪼

글쪼글한 비단) 같은 천에도 색이 금방 들어요. 꽃이나 잎사귀를 내가 좋아하는 색으로 염색할 수 있어요."

가야마 씨는 그렇게 말하면서 그날 참석한 사람들에게 천으로 만든 동백꽃과 작은 동물 모양으로 만든 장식물을 나눠주었다.

작년 11월 중순에 가야마 씨에게서 엽서가 왔다. 7월에 남편이 세상을 떠났다는 것이다. 9월에도, 10월에도 그녀와 전화통화를 하면서. 여느 때처럼, "바깥어른은 건강하시죠?"라고 물어보았는데 남편의 신변에 변화가 있다는 말은 듣지 못했다. 가야마 씨는 친척 외에는 아무에게도 알리지 않고 장례를 치른 후 4개월이나 지나서야 남편이 세상을 떠났음을 지인들에게 알렸다.

잠시 생각하다가 수화기를 들었다. 가야마 씨는 남편이 사망하기 전에 있었던 일을 조금씩 털어놓기 시작했다. 병원에 가지 않고 집에서 요양했는데 의사로부터 집에서는 무리라는 말을 듣고, 결국 남편은 입원을 선택했다.

"병원에 입원하던 날 정말 오랜만에 안아줬어요."

가야마 씨의 그 말에 나도 모르게 감정이 북받쳐 목소리가 잠기고 말았다.

"입원 전에 발과 허리가 불편한 것 같아 주물러드렸거든요. 그랬더니 뺨을 쓰다듬더라구요."

90세 가까운 남자가 오랫동안 함께 살아온 아내에게 감사와 사랑을 전달한 것이다. 가야마 씨의 남편에 대한 사랑을 알기에, 또 오랜 기간 서로를 보듬고 지켜왔던 것을 알기에 '안아줬어요' 라는 그녀의 고백이 어떤 감정인지 알 것 같았다.

남편도 행복했겠지만 그녀도 남편과 같은 동반자와 평생을 살아온 데에 진심으로 행복했을 것이다. 20분 넘게 통화했을 것이다. 그녀와는 20년 넘게 알고 지냈는데 그처럼 오래 통화한 적은 처음이었다. 전화를 끊기 전에 가야마 씨가 말했다.

"이제는 대충 정리가 됐어요. 이번 달부터 ○요일은 수중워킹, ○요일에는 치매 예방 체조, ○요일은 고령자를 대상으로 하는 리듬체조를 신청했어요."

남편을 사랑했기에 남편이 떠난 후에도 그 자리에 머물지 않고 자신의 삶에 최선을 다할 수 있는 것이다. "언제 한번 우리 집에 놀러 오세요"라고 말한 후 전화를 끊었다.

처음 가야마 씨를 만난 이후 항상 새로운 것을 배우고, 좋은 자극을 받았다. 남편과의 마지막도 이토록 아름답고 숭고하게 지켜낸 그녀에게 다시 한 번 감동했다. 그리고 내 주위에 본받을 만한 연상의 친구가 있음에 감사했다.

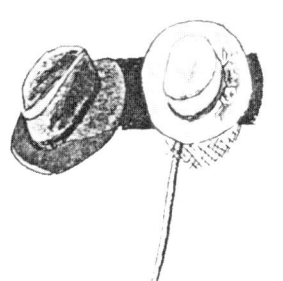

3. 너무 심각하게 생각하지 않는다

고령자의 건강이란

 허리를 심하게 다치기 전에는 옛날에 살았던 캐나다 밴쿠버를 방문해 친구들을 만나곤 했다. 약속시간에 여유가 있으면 근처 카페테리아에 들러 혼자 점심을 먹고 차를 마셨다.

 지금도 기억하는데 우연히 들른 카페테리아에서 환갑이 지난 나이의 여성을 본 적이 있다. 5~6명의 중년여성이 차와 케이크를 주문하고 거의 한 시간 가까이 신나게 수다를 떨고 있었다. 그녀들 중 약간 화려하게 멋을 낸 여자가 눈에 띄었다. 표정이나 행동에서 미루어보건대 아무런 걱정거리도 없고 경제적으로도 무척 풍족한 듯 보였다.

 옷도 고급스럽고, 대화도 그녀가 이끌고 있었다. 내 처지와 비교되어 은근히 부러운 생각마저 들었다. 그렇게 30분쯤 더 대화를 나누고는 돌아갈 때가 되었는지 자리를 정돈하기 시작했다. 그런데 내가 부러워했던 그녀가 의자에서 일어났을 때 앞가슴에 금속 물체가 달려 있는 게 보였다.

 심장박동을 보조해주는 기구 같았다. 지금껏 그녀를 질투 어린 눈으로 바라봤던 내가 너무나 부끄러웠다. 그리고 사람을 외모로 판단해서는 안 된다는 교훈을 다시 한 번 절감했다.

나이가 들수록 건강이 늘 신경 쓰인다. 각자 아픈 데가 한두 군데씩은 있기 마련이다. 겉으로 드러나는 질병도 있지만 내장 계통은 본인이 털어놓지 않는 한 알 길이 없다.

나는 이 원고를 집에서 15분 거리인 한적한 카페레스토랑에서 차를 마시며 쓰고 있다. 잠시 후면 오후 세 시가 되는데 슬슬 '그들'이 올 때가 됐다. '그들'이란 전에 이 레스토랑에서 마주친 커플이다.

남자는 오십이 갓 넘은 나이로 보였다. 왼발을 질질 끌고 왼손도 움직이지 못한다. 아마도 뇌경색을 앓다가 호전되어 외출할 수 있게 된 듯싶었다. 지난번에 봤을 때도 그랬는데 오늘도 남자보다 1~2분 늦게 아내로 보이는 여성이 문을 열고 들어왔다. 그녀도 남편과 비슷한 나이대로 보였다.

몸이 불편한 남편과 함께였지만 그녀의 표정은 밝기만 했다. 불편한 왼발을 억지로 움직이고 왼손은 테이블 위에 올려놓지도 못하는 남자 때문에 고생해온 아내라고는 도저히 생각되지 않는다. 두 사람은 캔맥주와 간단한 안주를 주문하고 둘이서 오순도순 대화를 나눴다. 그 모습이 곁에서 보기만 해도 흐뭇하다. 남자가 맥주를 마셔도 되는 상태인지는 모르겠지만 배우자로 보이는 여성은 따뜻한 시선으로 남자의 이야기를 들어주며 남자가 맥주를 마실 때마다 안주를 챙겨주었다.

　상태가 심각하다면 맥주를 마시지는 못할 것이다. 혹은 상태가 호전되었다고 해도 알코올을 섭취해도 되는지는 잘 모르겠다. 저 정도 증세라면 병원에 입원하거나, 자택에서 안정하는 게 최선이라는 생각도 든다. 고령사회가 가속화될수록 저들 부부 같은 사람이 늘어날 것이다. 질병에 시달리는 사람도 늘어날 것이다. 그렇다고 생활의 전부를 치료에만 집중하는 것도 좋은 선택은 아니라고 생각된다.

　내가 앉은 자리에서는 그녀의 얼굴이 정면으로 보인다. 겉으로는 금실 좋고 건강한 부부처럼 보인다. 아내의 자연스러운 웃음에서 남자가 겪고 있는 신체의 부자유와 고통은 느껴지지 않는다. 아마도 남편은 아내의 그런 웃음을 통해 용기를 얻고 있을 것이다. 대화에 열이 올라 움직일 수 있는 오른손을 크게 벌리는 모습을 보면서 나도 모르게 미소를 지었다.

　병든 몸은 의사에게 맡겨야 한다. 병원에 찾아가 적절한 치료를 받아야 한다. '반신불수'라면 상식적인 수준에서 '건강'하다고는 말하지 못할 것이다. 과연 '건강'이란 정확하게 어떤 의미일까. 무병이 건강의 척도라면 젊은이 중에도 '건강'을 자부할 사람은 많지 않을 것이다.

하물며 나 같은 70대 중반의 나이라면 몸에 반갑지 않은 손님들이 찾아오는 것은 당연하다. 넓은 의미에서 '건강'이란 스스로 행복하다고 느끼는 생활의 연속이다. 아픈 데도 있고 불편한 데도 있다. 하지만 행복하다. 그렇게 생각하고 있다면 나는 건강한 사람이다.

나는 질병에 대해 아는 것이 없다. 다만 나이를 먹을수록 우리가 말하는 '건강'이 의학적으로 질병과 장애가 없는 상태와는 다름을 깨닫는다. 오늘 하루도 주위 사람들과 좋은 관계를 유지하며 즐겁게 보냈고, 혼자 지내는 시간도 있었지만 나름대로 해야 할 일이 있었고, 그래서 또 내일이 기다려지는 하루하루…. 그것이 가장 중요하다고 생각한다.

반신의 부자유 속에서도 짧은 여유를 행복하게 즐기는 그들 부부를 보면서 나의 허리가 완치되는 날이 오지 않더라도 최선을 다해 '건강'한 생활을 해나가야겠다고 다짐하는 오후였다.

배설에 대하여

소변을 지리는 등 배설 문제로 난처함을 당하는 사람이 의외로 많다. 배설의 어려움은 질병에 대한 두려움을 떠나서 우선 냄새라는 문제가 따른다. 이로 인해 고생하는 사람들은 고민을 털어놓지도 못하고 혼자 앓는 수가 많다.

나도 그런 경험이 몇 번 있다. 환갑이 지났을 때 전철을 타고 외출했다가 집에 거의 다 왔는데, 갑자기 화장실이 급해졌다. 어떻게든 참고 집에 도착해서 화장실 문을 여는 순간 약간이지만 소변이 새어나온 경험이 있다.

그 무렵 텔레비전에서 소변 지리기 방지에 탁월한 효능이 있다는 체조를 아침마다 방송하고 있었다. 의자에 앉아서 무릎을 자연스레 펴고, 소변이 마렵다싶을 때 엉덩이에 힘을 주고 참는 상상을 하며 괄약근을 긴장시킨다. 그것을 되풀이하는 체조였다.

64세가 되는 봄에 허리를 다쳤다. 척추골 몇 개가 찌부러졌다는 진단을 받았고, 3개월 가까이 침대에서 생활했다. 그 와중에도 화장실만큼은 어떻게든 내 힘으로 가고 싶다는 생각이 간절했다. 힘겹게 자리에서 일어나 바닥에 두 발을 딛고 천천히 한 걸음씩

옮겼다. 그때마다 통증이 허리를 강타했다. 침대에서 화장실까지 가는 데 무려 한 시간이 넘게 걸린 적도 있다. 화장실 가는 횟수를 줄여야겠다는 나의 간절한 심정에 몸이 반응했는지 잠들기 직전 화장실에 다녀오면 아침에 식사를 하려고 일어날 때까지 소변을 지리거나 한 적은 한 번도 없다. 뿐만 아니라 하루에 화장실을 다녀오는 횟수가 서너 번으로 줄었다.

허리가 아파서 몸을 똑바로 눕히지 못하고 옆으로 누웠는데, 그 때문에 방광이 눌려 요도가 약해져서 그랬는지도 모른다. 어쨌든 허리통증으로 3개월쯤 누워 지내는 생활이 계속되었다.

자는 것과 일어나는 것만으로도 몸이 벅차서 소변을 지리는 것 등은 생각지도 못하고 지냈다. 그 뒤 다행히 허리가 많이 좋아졌다. 그래서인지 소변을 지리는 일 없이 지내게 되었다. 하지만 소변 보는 횟수가 너무 적어지면 좋지 않을 것만 같아 요즘은 밤에 눈이 떠지면 그때마다 일어나 한두 번씩 화장실에 다녀오기로 하고 있다.

이 밖에도 나를 괴롭히는 문제가 또 있다. 다름 아닌 치질이다. 나의 허리는 복근과 등근육처럼 허리를 지탱해주는 근육의 약화에서 비롯되었다. 이 근육들은 몸속의 내장을 지탱해주는 근육이기도 하다. 몸이 중력에 눌려 찌부러지는 것을 막아내는 역할을 하고 있다. 나의 경우 이런 근육들이 약해지면서 몸의 중심이나 장기들이 전체적으로 내려간 것 같다.

　오십대 후반에 나와 비슷한 나이의 친구로부터, "병원에 갔더니 자궁이 밑으로 내려갔대요"라는 말을 들은 적이 있다. 다행히도 그런 일은 겪지 않았지만 안타깝게도 치질이 생기고 말았다. 대변이나 소변을 보고 항문을 손가락으로 만져보면 엄지손가락만한 돌기가 만져진다.

　3년 전부터 이런 증상이 있었는데 더 심해지지는 않고 출혈도 없다. 병원에서 스테로이드를 처방해주었다. 하지만 내 몸은 스테로이드에 알레르기 반응을 보였다. 될 수 있으면 좌약은 쓰고 싶지 않다. 상황이 이렇다보니 치질은 병원에 가지 않고 그냥 내버려둔 상태로 방관하고 있다. 방관하는 데에는 내 나름으로 그만한 이유가 있다.

　아침에 일어나면 화장실로 직행한다. 그리고 별다른 어려움 없이 대변을 본다. 거의 같은 시간, 그리고 하루 한 번이라는 습관이 변함없이 계속되고 있기 때문이다. 식생활 덕분인 것 같다. 내 허리로는 장시간의 여행을 견디지 못하기 때문에 시차가 있는 해외여행 등은 절대로 하지 않는다. 그런 생활습관도 하루 한 번의 아침 배설이라는 순조로운 패턴의 이유가 되는 것 같다.

　조금은 창피한 이야기를 숨기지 않고 털어놓은 까닭은 나와 비슷한 연령의 고령자들이 배설로 많은 고통을 받고 있기 때문이다.

누군가에게 털어놓지도 못하고 남몰래 고생하는 경우를 많이 봐 왔다. 대부분의 고령자들이 배설로 상당한 고민을 안고 있다.

여전히 멋을 부리고, 자주 외출하고, 일주일에 몇 번씩 친구들과 취미생활을 즐기는 건강한 고령자 중에 요실금 증상으로 고생하는 사람이 많다. 다행히 요즘은 요실금에 대비하는 상품이 꽤 많이 등장했다. 냄새 처리를 비롯해 기저귀와 비슷하게 생긴 제품도 있다.

이런 제품을 적극적으로 사용해보기를 권한다. 나이가 들수록 본인의 자신감이 가장 중요하다. 자신의 QOL(Quality of Life)은 스스로 지켜내는 것임을 다시 한 번 강조하고 싶다.

우울증이 아닌가 생각되었을 때

A씨로부터 "무슨 일을 해도 마음이 무겁습니다. 우울증이 아닌지 걱정됩니다."라는 편지를 받은 것은 2년 전이다. 지금까지 받아본 그녀의 편지는 글씨도 아름답고 문장도 생기가 넘쳤다. 그녀의 적극적인 평소 생활이 손에 잡힐 듯 전해져왔는데, 이때는 어딘지 모르게 글씨와 내용이 어수선했다.

나는 A씨를 믿었다. 자신의 우울증 증세를 솔직하게 털어놓았다는 점에서 A씨는 스스로를 객관적으로 판단하고 있었다. 머잖아 예전의 매력적인 A씨로 돌아올 것이라고 확신했다. 나의 역할은 멀리서나마 그녀를 위해 기도하고, 엽서를 보내고, 과자를 선물하며 힘을 북돋워주는 것이라고 생각했다.

내가 이런 말을 하는 것도 우습지만 나는 우울증에 걸릴 성격은 아닌 것 같다. 괴로운 일을 겪거나 낙담해야 할 상황에 처하더라도 혼자 고민하는 성격은 아니다. 여러 날 말도 없이 울적해 있는 것은 성격상 견디지 못한다. 이런 나를 알기에 우울증과는 인연이 없다고 생각하며 안심할 때도 있다.

그러나 A씨의 예에서도 알 수 있듯이 평소 낙천적이고 적극적인 사람도 고민거리나 걱정이 생기면 어떻게 돌변할지 모른다. 몸의 컨디션이 나빠지면 정신적으로도 약해지는 법이기에 나이가 들면 우울증은 더욱 무섭게 다가온다.

나 역시 예외는 아니다. 무슨 일을 하든 귀찮을 때가 종종 있다. 돌이켜보면 낙담할 일이 있는 것도 아니다. 굳이 찾는다면 나날이 약해지는 허리가 걱정인데, 한두 해 겪은 일도 아니어서 이제는 그러려니 한다.

하루는 남편이 정신과 의사인 친구와 우울증을 화제로 대화를 나눴다. 내가, "어떤 병이라도 될 수 있으면 약을 먹지 않는 편이에요. 낙담할 일이 있어도 수면제나 정신안정제 같은 약은 피하고 싶어요"라고 말하자 그녀는, "저와는 생각이 다르네요. 나는 조금이라도 마음이 불편하거나 싫은 일을 겪으면 남편에게 부탁해서 약을 처방받아요. 더 심해지기 전에 빨리 회복되는 편이 좋거든요." 하고 대답했다. 평소에도 친절하고 밝은 그녀였다. 무슨 일을 상의해도 자신의 의견을 숨김없이 전하는 적극적인 사람이었다.

나는 지금까지 심료내과(심리적 작용에 의한 내과적 질환을 치료하는 진료과목)에 가본 적이 없다. 정신적인 침체 상태 때문에 병원을 찾지는 않았다. 그러나 앞으로는 만에 하나 내가 정신적으로 조금 이상해져서 주변 사람들, 가족이나 친구들이 걱정하는 사태가 벌어진다면 신뢰할 수 있는 전문의와 상의할 계획이다.

연령이 높을수록 새로운 치료와 낯선 약에 불안을 느낀다. 나의 독단일지도 모르지만 요즘은 낙담하는 기분이 들어도 그냥 내버려둔다. 시간과 함께 잊어버리고 회복되기를 기다린다. 그러기 위해 집 근처라도 좋으니 일단 밖으로 나가 걸어본 적이 없는 길을 걷는다. 이왕이면 나무와 풀이 많은 곳이 좋다. 바깥 공기를 쐬고 산책하고 돌아오면 기분이 좋다. 그 순간만이라도 나를 비울 수 있다.

영화와 연극을 보러 가는 것도 좋은 방법이다. 마치 타인에게 부탁하는 것 같아서 부담이 없고 어리광을 부리는 기분이다. 함께 가줄 친구가 있다면 더욱 좋다. 관람이 끝나고 나의 기분을 친구에게 솔직히 털어놓는다. 혼자 걱정하느니 두 사람이 함께 걱정하고 방법을 찾아보는 게 위로가 된다. '충동구매'를 저지르는 것도 좋다. 조금은 화사한 블라우스를 고르다보면 나도 모르게 정신이 팔려 어두운 나를 잊게 될지도 모른다.

평소에 피하던 달콤한 케이크의 유혹에 넘어가거나, 백화점이나 시장처럼 사람이 많은 곳을 찾는 것도 방법이다. 마음이 통하는 친구들과 힘에 부칠 때까지 돌아다니다보면 외롭다는 생각도, 불안하다는 생각도 떨쳐버리게 될 것이다. 외출이 쉽지 않은 상황이라면 10분이나 20분이라도 수화기를 붙잡는다. 내가 지금 무슨 생각을 하고 있는지 속 시원히 털어놓고 상의한다.

'우울증'도 질환 중 하나다. 감기에 걸리면 우선 몸부터 따뜻하게 하고 일찌감치 자리에 눕듯이 마음이 우울해졌을 때는 마음이 따뜻해질 수 있는 상황을 만들고, 휴식하는 게 최고다. 혼자 고민하기보다는 나를 소중히 여기는 사람들과의 만남을 통해 그들이 사랑하는 밝은 나를 되찾아야 한다.

그래도 어렵다면 전문의를 찾아가 진찰을 받아본다.

'푸념' 대신 '약한 소리'를

나이를 먹을수록 푸념만 늘어난다는 말을 자주 듣는다. 생각해보면 중년까지는 푸념에 대한 개념조차 확실하지 않았다. '푸념'과 비슷한 것으로 '약한 소리'가 있다. 〈아사히신문〉에 정신과 의사인 가야마 리카 씨가 칼럼을 기고했다. 그 칼럼에서 가야마 씨는 '푸념'과 '약한 소리'는 비슷하면서도 다르다고 한다.

젊은 시절에는 "약한 소리 하지 말고 열심히 해"라고 부모님과 선생님이 자주 말씀하셨다. 하지만 나처럼 일흔이 넘어 지팡이를 짚지 않고는 걸을 수 없게 되다보면 누구를 의지하고 싶어 하는 약한 소리를 한다는 게 그렇게 나쁜 것만은 아니라고 생각한다.

냉정히 생각해보면 푸념은 상대를 괴롭게 만든다. 특히 늙은이의 푸념은 후회와 비슷해서 스스로를 약하게 만든다. 그렇다고 늙어서까지 항상 강해질 수는 없다. '멋있게' 약한 소리를 낼 줄 알게 된다면 확실히 편할 것 같기는 하다.

예를 들어 나의 요통은 친구들 사이에서 매우 유명하다. 나를 아는 사람들은 통과의례처럼 허리 상태를 묻는다. 진심으로 나를 걱정해주는 경우도 있고 그렇지 않은 경우도 있다. 그런 것을 알면서도 "요새 허리는 좀 어떠세요?"라는 질문을 받으면 나도 모르게 어디가 어떻게 아프다, 생활이 얼마나 불편한지 모른다 등의 괴로운 이야기를 마구 늘어놓는다. 당황해하는 상대방 표정을 확인하고서야 푸념을 늘어놓은 나 자신에게 혐오를 느낀다.

   푸념 대신 나의 난처한 처지를 이해해달라고 부탁하는 정도로 끝냈으면 좋겠는데 여간해서는 그 차이나 한도가 감이 잡히지 않는다. 예를 들어 식사초대를 받았을 때, "요즘은 허리가 약해져서 오랫동안 의자에 앉아 있을 수 없어요. 그래도 보고 싶으니까 허리에 부담이 가지 않는 자리로 부탁할게요" 하고 쑥스러워도 상대방이 부담을 느끼지 않는 선에서 나의 요구를 확실히 전달한다면 서로 어색할 일이 없다.

   머리로는 이렇게 생각하면서도 막상 친구들 앞에서는 '푸념'을 쏟아낸다. 약한 소리는 푸념이 아니다. 나의 처지를 상대방에게 납득시키고 도움을 구하는 커뮤니케이션이다. "나는 다른 사람에 비하면 괜찮은 편이다. 요통만 해도 나보다 심각한 사람이 얼마나 많은지 모른다." 하고 부탁해야 할 때 고집을 부렸다간 스트레스가 되어 내 몸만 상한다.

   나처럼 몸이 불편한 사람들은 평소 기분이 울적하다. 그렇다보니 친구들처럼 편한 사람들 앞에서 그간의 불만과 걱정을 푸념으로 분출하는 경우가 많다. 그렇게 되기 전에 자주 나의 고통과 불편을 상대에게 이야기하고, 배려해줄 것을 요구한다. 내 안에 감정의 골이 깊어지기 전에 '약한 소리'로 해소하는 것이다.

내성적인 성격이어서 '푸념'도, '약한 소리'도 못하겠다면 지금 당장 떠오르는 사람들에게 전화를 걸어 상담이라도 해볼 것을 권한다.

이럴 때도 무작정 자신의 처지를 강요할 게 아니라 "당신이라면 내 이야기를 들어주고 나의 어려움에 관심을 가져줄 것 같아서 이런 이야기를 꺼내게 되었다"라는 상대방에 대한 신뢰를 보여주면서 단순한 푸념이 아닌 도움을 요청하는 자세로 말을 꺼내야 한다. 그리고 상담이 끝났을 때는 감사의 인사와 더불어 상대방 신변에 대한 관심도 보여주는 것이 좋다.

사람은 혼자서는 살 수 없다. 자신의 처지를 비관하며 푸념만 늘어놓을 게 아니라 때로는 타인의 이야기에 귀를 기울여본다. 그런 사소한 변화가 때로는 큰 도움이 된다.

환자와 함께 지내기

남편이 정년을 앞두고 있을 때 나는 60세 전후였다. 우리 부부는 한동안 캐나다 밴쿠버의 아파트와 도쿄를 왕래하며 지냈다. 우리가 살던 아파트는 120가구가 사는 22층짜리 건물이었다. 건축한 지 1년이 채 안 된 아파트였는데 거주자는 대부분 정년을 맞은 60대 부부, 혹은 배우자가 먼저 세상을 떠나고 혼자 사는 사람들이었다.

옆집에는 우리보다 먼저 입주한 웨스트 부부가 살고 있었다. 그 부부는 겉으로 보기에 일흔은 넘긴 것 같았다. 예전에 농장을 경영했다고 들었다. 두 사람 모두 친절해서 우리가 이사 오던 날 먼저 인사차 방문했고, 그 다음 날 티타임에 초대해주었다.

아내인 라나에 부인이 핫케이크와 영국식 홍차를 대접해주었다. 아름다운 본차이나 찻잔에 담긴 홍차의 향기가 낯선 이국에서의 외로움을 달래주는 것 같았다. 남편 랄프도 동양인인 우리 부부를 여러모로 배려해주었다. "궁금한 게 있거나 필요한 게 있으면 얼마든지 부탁하세요." 랄프와 라나에는 다정하게 웃으며 그렇게 말했다.

우리 부부는 그곳에서 두 달을 머문 후 도쿄로 돌아왔고, 도쿄에서의 일이 마무리되자마자 밴쿠버로 돌아왔다. 랄프 부부는 기다렸다는 듯이 같은 아파트에 사는 주민 4~5명을 초대해 환영회를 열었다. 그런 친목이 5년간 계속되었다. 밴쿠버에서도 나의 허리는 계속해서 악화되어 더는 아파트에서 생활할 수 없는 지경에 이르렀다.

그러던 어느 날 랄프가 근처 노인홈에 혼자 입주했다는 소식을 들었다. 그곳은 '알츠하이머' 전문기관이었다. 우리는 이 질병에 대해 제대로 아는 것이 없었다. 그런데 알고 보니 밴쿠버에서 우리 부부와 친하게 지냈던 친구의 남편이나 아내들이 같은 질병으로 고생하고 있었다.

캐나다 사람들은 '알츠하이머'에 걸렸다는 말을 들어도 놀라지 않는다. 배우자가 알츠하이머 환자라도 부부동반으로 파티에 초대한다. 어색하게 대하거나 색안경을 쓰고 쳐다보지도 않는다. 어디까지나 친구로서 평범하게 대한다. 환자가 불편하지 않도록 같이 웃어주거나, "이거 드시겠어요?" 하고 자연스레 차와 케이크를 나눠준다.

랄프가 병에 걸렸다는 소식을 듣고도 만나보지 못했지만 아마도 같은 아파트 주민들이 잘 보살펴주었을 것이라고 확신한다. 라나에는 정말 친절한 사람이었다. 아파트 주민뿐 아니라 동네 사람들을 불러 차를 마시고, 매주 일요일에는 몸이 불편한 랄프를 데리고 교회에 나갔다. 그녀를 아는 많은 사람이 그녀를 대신해 랄프를 돌봐주었다고 들었다.

남편이 알츠하이머에 걸린 우드 부부의 경우도 내게는 많은 참고가 되었다. 우드 부부는 밴쿠버에서도 부유층이 사는 지역의 고급맨션에 살았다. 남편인 밥이 알츠하이머 증세로 고생하기 시작했을 때 나는 혼자 밴쿠버에 머물고 있었다. 친구가 파티를 열고 초대해주었는데, 그곳에 우드 부부도 있었다.

파티에 초대받은 사람은 다양했다. 우드 부부와 사이가 좋은 사람도 있고, 초면인 사람도 있었다. 그러나 밥이 알츠하이머 환자라고 의식하는 사람은 한 명도 없었다. 그로 인해 불편해 보이는 사람도 없었다. 밥은 옛날처럼 생기 있는 표정은 아니었다. 말 없이 앉아 있기만 했다. 그의 양옆에 앉아 있던 친구들이 그를 위해 이것저것 시중을 들고 있었다.

아내인 메리도 남편을 걱정하는 것처럼 보이지는 않았다. 남편과 떨어져 친구들과 이야기하느라 정신이 없었다. 파티에 참석한 사람들이 알츠하이머에 대해 얼마나 알고 있는지는 몰라도 기억력이 서서히 희미해지면서 육체도 자기 뜻대로 가누지 못하는 무서운 질병이라는 것 정도는 알고 있었을 것이다.

하지만 파티에 참석한 그 누구도 메리를 동정하지 않았다. 특별히 그녀를 위로하는 사람도 없었다. 밥이 알츠하이머에 걸리기 전, 내가 이곳 아파트에서 살던 시절, 서로의 집을 오가며 차를 마시고 식사를 하며 즐거운 시간을 보내던 때와 아무런 차이가 느껴지지 않았다.

우리는 밴쿠버에서도 유행하고 있는 일본음식이라든가, 다른 집 파티에서 일어난 재미난 일화를 화제로 즐겁게 대화를 나눴다. 밥과 메리 부부의 불행을 특별하다고 말하는 사람은 없었다. 그저 오래된 친구로서 편안하게 대할 뿐이었다.

밥 근처에 있던 사람들은 누가 부탁하지 않아도 밥에게 차를 따라주거나 케이크를 입에 넣어주는 등 친절을 베풀었다. 지나가던 사람들도 그의 손을 가볍게 쓰다듬으며 환한 미소를 보여주었다. 그렇다고 밥에게만 이런 모습을 보여준 것은 아니다. 파티에서는 자잘한 시중까지는 아니더라도 서로에게 필요한 것이 있으면 대신 옮겨주거나 양보한다. 맛있는 요리가 나오면 옆에 앉은 사람에게 권하거나 자신이 직접 다른 사람 접시에 담아주기도 한다.

즐거운 파티였다. 밥과 메리 부부 때문에 불편한 상황이 벌어지지도 않았다. 다만 밥이 예전과 달리 수동적이어서 내 눈에는 안쓰러워 보였다.

그 후에도 밥의 상태는 계속 나빠졌다. 메리가 혼자 외출할 일이 생기면 옆집에 사는 마일스와 샐먼 부부가 돌봐주었다. 남자끼리 수영장에도 가고, 메리가 쇼핑 등으로 외출하면 샐먼이 밥의 식사나 화장실 등을 챙겨주었다. 마일스 부부의 도움으로 메리는 안심하고 바깥일을 볼 수 있었다.

마침내 밥의 상태가 악화되었고, 알츠하이머 전문병원에 입원하게 되었다. 나는 메리에게 부탁해 밥을 문병했다. 메리는 밥이 건강할 때와 마찬가지로 여전히 밝았다. 내가 찾아갔을 때도 얼굴에서 미소가 떠나지 않았다.

밥과 메리의 오랜 친구인 스미스 부부는 아내가 알츠하이머 환자였다. 스미스 부부와는 특별한 인연이 없어 파티에서 한두 번 만난 것이 고작이었다. 그래도 우연히 마주치거나 하면 정상인인 나를 더욱 챙겨주고 따뜻하게 대해주었다.

배우자가 다른 병도 아닌 알츠하이머인 경우 배는 힘들 것이다. 더구나 병이 진행될수록 곤란한 상황도 자주 발생하고, 의사의 권유에 따라 입원하거나 간호해줄 사람을 찾게 된다. 내가 캐나다에서 지켜본 결과 알츠하이머 환자들은 기억이 사라져도 인간으로서의 애정은 변함없었다.

의학계에서 이 병을 완벽하게 분석해낸 것은 아니지만 일본에서처럼 가족이 알츠하이머 환자를 감추려들거나 부끄럽게 생각할수록 환자의 상태는 더 악화되는 것 같다. 고독은 알츠하이머의 진행을 더욱 가속화시키는 환경적 요인이다. 캐나다와 일본의 차이를 보고 있으면 그렇게 생각할 수밖에 없다.

  나는 의사도 아니고, 알츠하이머에 대한 특별한 지식도 없다. 다만 캐나다에서 만난 알츠하이머 환자들은 정신이 희미해져 일상생활이 불편하다는 것 외에는 인간으로서의 마음을 조금도 잃지 않고 있었다. 친구들이 모인 자리에 초대해주면 말을 나누지는 못해도 분위기에 어울리려 노력했고, 친절을 베풀면 고맙다는 인사는 못해도 눈빛으로 감사를 전했다.

  밥의 병세가 악화되어 병원에 입원했다는 소식을 듣고 문병을 갔다. 마침 밥이 산책하는 시간이어서 동행했다.

  밥의 한 손을 아내인 메리가 잡아주고, 반대편 손은 내가 잡아주었다. 이렇게 셋이서 같은 길을 천천히 걸었다. 밥의 달라진 모습에 솔직히 충격을 받았다. 가슴이 미어지는 것같이 갑갑했다. 그래도 내색하지 않고 메리의 이야기에 장단을 맞추며 걷고 있는 동안 나도 모르게 마음이 편해졌.

  처음 밥의 손을 잡았을 때는 차갑게 굳은 느낌이었는데, 어느새 우리 두 사람의 손은 따뜻한 체온을 나누고 있었다. 그리고 메리와 웃으며 이야기할 수 있게 되었다. 그날 저녁 메리에게 전화가 왔다.

  "가즈코 씨가 돌아가고 밥이 콧노래를 부르더라구요. 그이도 무척 즐거웠나 봐요. 찾아와줘서 정말 고마워요."

나는 알츠하이머가 어떤 병인지 자세히는 모른다. 그러나 캐나다 친구들이 알츠하이머 환자를 대하는 태도를 보고 많은 것을 반성했다. 지금 일본에서는 알츠하이머를 고령에서 비롯된 '건망증'으로 취급한다. 어떤 의사는 '인지증(認知症)'이라고도 부른다.

캐나다인 지인들 가운데 알츠하이머 증세가 있는 사람은 열 명 중 한 명이었다. 일본에서는 가족이 이 병에 걸리면 타인과의 접촉을 금지하기 바쁜데, 캐다나에서는 오히려 사람과의 접촉 기회를 늘린다. 우리도 좀 더 개방적으로 인식을 전환할 필요가 있다. 폐가 될 수도 있지만 평소와 같은 만남을 알츠하이머 환자에게서 빼앗지 않았으면 좋겠다.

남의 일이 아니다. 나, 혹은 남편이 언제 알츠하이머 증세를 보일지 모른다. 그때는 내가 알고 지냈던 사람들이 나에게 말을 걸어주었으면 좋겠다. 그것만으로도 나의 삶에 후회는 없을 것 같다.

4. 부모의 생활, 자녀의 생활에 대하여

부모님이 늙기 전에
어떻게 살아왔는지를 미리 들어둔다

이 글을 쓰고 있는 지금 나는 일흔여섯이다. 지금 가장 많이 후회하는 일이 있다면 젊었을 때 나보다 20여 년은 연상인 아버지와 어머니로부터 살아온 이야기를 들어두지 못했다는 점이다.

부모에게서 듣고 싶은 이야기는 단순한 추억이 아니다. 오십대까지는 평범한 생활만으로도 건강이 유지되지만 그 후로는 노력이 필요하다. 육십대, 칠십대로 접어들 때 부모님이 어떤 변화를 겪었는지, 기력 등이 어떻게 저하되었는지를 미리 들어뒀다면 많은 도움이 되었을 것이다.

나는 결혼 전까지 부모님과 함께 살며 직장에 다녔다. 곁에서 꽤 오랫동안 부모님의 생활을 지켜본 것이다. 부모님이 돌아가신 후 열두 살 연하인 여동생과 만나서 이야기를 해보면 여동생이 결혼하기 전, 그러니까 부모님이 오십대에서 육십대로 접어들 무렵에는 내가 결혼 전에 보던 것과는 부모님의 생각이나 행동 등이 여러모로 달랐던 것 같다.

어머니의 갱년기, 중년 이후 직장을 퇴직하고 변화된 인간관계로 고민했던 아버지의 심정 등을 이제 와서야 그랬구나, 하고 실감한다. 그때는 나도 삼십대여서 부모님의 심경이나 변화 등을 깨닫지 못했다. 솔직히 말하면 관심이 없었다. 그때 부모님 곁에서 갱년기 증상이나 노화의 징후 등을 목격하고 이야기를 들어뒀다면 내 삶에 많은 도움이 되었을 것이다. 나는 부모님으로부터 유전자를 물려받았으므로 나의 노화 증세는 부모님과 상당히 유사했으리라고 여겨진다.

예를 들어 최근 2~3년간 이상하리만큼 담배연기에 민감해졌다. 넓은 카페의 저만치 떨어진 구석자리에서 누군가 담배를 피우고 있으면 아무리 멀리 떨어져 있어도 기침이 나온다. 집 근처 골목에서도 10미터 이상 떨어진 곳에서 피우는 담배연기 때문에 숨이 막힐 때가 있다. 저 앞에 담배를 피우는 사람이 보이면 한참 뒤에서부터 숨을 참고 빠른 걸음으로 그 사람을 지나치곤 한다.

그리고 보니 어머니도 나이가 드신 후에 담배연기를 무척 싫어하셨다. 어쩌다 담배연기를 맡으면 일부러 그러시는 건 아닌가, 하는 생각이 들 정도로 심하게 콜록거리셨다. 지금도 담배연기 때문에 괴로워하는 어머니의 표정이 생각난다. 최근에야 나의 담배 알레르기가 어머니로부터 유전된 것임을 깨닫게 되었다.

어머니는 환갑이 조금 지난 후부터 도쿄에서 자동차로 네 시간 가까이 떨어진 유료노인센터에 아버지와 함께 입주하셨다. 그래서 고령이 된 이후의 일상생활은 거의 지켜보지 못했는데 어머니는 중년 무렵까지 담배알레르기 증세를 보이지 않으셨다. 골초였던 아버지를 생각했을 때 어머니가 젊은 시절부터 담배알레르기였다면 담배 때문에 아버지와 수도 없이 싸우셨을 것이다. 하지만 내 기억에 담배 때문에 어머니와 아버지가 다툰 적은 없다.

지금 생각해보면 어머니가 아버지의 담배연기에 기침 등의 반응을 보인 것은 육십대 후반부터다. 그리고 골초인 아버지가 어느 날 갑자기 담배를 끊으신 것도 어머니를 생각해서였던 게 틀림없다. 이런 이야기도 딸로서 들어두었어야 했는데 후회가 된다.

그 밖에도 남들에게 말할 수 없는 건강상의 문제라든가, 어려움 등이 있었을 텐데 어머니로부터 직접 들은 이야기는 없다. 동생에게 물어봐도 구체적으로 기억나는 것은 없다고 한다. 가령 나는 담배만이 아니라 안경의 코받침이 닿는 콧등에 습진이 자주 생긴다. 어머니에게는 나와 같은 알레르기 증세가 없었을까.

또 최근 2~3년 전부터 갑자기 시야가 좁아지는 것 같다. 만일 어머니가 옆에 계셨다면 "70대나 80세 때 안경을 걸치면 잘 보이다가도 한 번씩 시야가 좁아지거나 눈이 가물거려 침침했던 적은 없으세요?" 하고 물어봤을 것이다.

뿐만 아니라 작년부터 청력이 조금씩 약해지기 시작했다. 이러다가 갑작스레 청력이 저하되는 것은 아닌지 걱정스럽다. 어머니가 살아계셨다면, 아니 진작에 이런 부분도 어머니에게서 들어두었다면 앞으로의 대비 등이 보다 수월했을 것이다. 어머니가 지금의 내 나이였던 것이 30년 전이다. 그때만 해도 보청기가 일반적이지는 않았다. 기억을 되살려보면 어머니가 아버지의 말을 잘못 알아듣거나 같은 말을 여러 번 되묻지는 않았던 것 같다.

책을 좋아하셨던 어머니가 언제부터 책을 멀리하게 되셨는지, 노인센터에 입주하신 후에도 아버지와 전철을 타고 음악회 등에 외출하셨는데 언제부터 외출을 그만두셨는지, 또 외출을 그만둔 계기가 무엇인지 등을 미리 들어두었다면 많은 도움이 되었을 것이라고 이제 와서야 후회하고 있다.

여기까지 쓰고 나는, "아, 참!" 하고 깨달은 것이 있다. 40대 중반인 딸들을 위해 요즘의 내 몸 상태를 기록해둬야겠다는 것이다. 물론 지금은 나의 몸 상태 등에 흥미가 없겠지만 언젠가는 도움이 될 것이다. 내 이야기를 한번 들어보겠니, 하고 편지처럼 야단스럽게 뭔가를 남기고 싶지는 않다. 딸들이 나처럼 곤란을 겪지 않도록 일기 형식으로 내 몸의 상태를 매일 기록해두면 좋을 것이다.

예를 들어 지금 무슨 약을 먹고 있는지, 그 약은 어떤 계기로 먹기 시작했으며, 효과는 어떤지 등을 써두는 것이다. 둘째 딸을 낳았을 때 손에 심한 습진이 생겼다. 아이가 침이나 우유를 토하면 거즈로 닦아냈는데, 이 거즈를 자주 헹구면서 세제로 손을 닦은

게 원인이었다. 어느 지인으로부터 대나무잎과 약초가루를 섞은 분말을 물에 타서 마셔보라는 이야기를 듣고 그렇게 해봤더니 효과가 있었다. 덕분에 손의 습진은 완전히 나았고, 지금도 비누를 써도 가렵거나 하지 않다.

눈이 침침해지는 것도 그때그때 상황을 적어두면 훗날 유용하게 쓰일지 모른다. 몇 시에 일어나고, 주로 무엇을 먹고, 오전에 얼마나 걷고, 낮에는 어떤 일을 하고, 집안일은 어떻게 하고 살았는지를 적어둔다면 참고가 될 것이다.

고령자의 생활은 함께 지내지 않는 한 모르는 부분이 많다. 내가 대학교에 다닐 때 친할머니와 부모님, 나와 여동생, 이렇게 3대가 버스를 타고 30분쯤 달려 작은 식당에 간 적이 있다. 오랜만의 가족 외출, 그것도 외식이라는 데서 나와 동생은 기분이 한껏 들떠 있었다. 다만 일흔이 넘으신 할머니가 평소보다 긴장한 표정으로 우리와 함께하셨다.

집에 돌아와서 할머니는 피곤해서 씻지도 않고 주무셨는데 다음 날부터 일주일간 자리에 누워계셨다. 어머니도 할머니를 괜히 데려갔다면서 후회하셨던 기억이 있다. 이렇게 한 번 고생을 하신 후로는, "지팡이를 짚고 동네 산책은 해도 전철이나 버스를 타고 외출은 안 할 거야." 하고 말씀하셨다. 그 후로도 할머니의 일상은 변함없이 단조로웠지만 87세까지 특별히 아픈 데 없이 장수하셨다.

할머니의 예에서도 알 수 있듯이 나이를 먹으면 매일의 정해진 일상생활이 가장 소중하다. 일상이 되풀이되는 동안에는 특별히 아픈 곳도 없고, 비교적 건강한 매일이 반복된다. 고령자일수록 평소와 다른 생활 패턴에 쉽게 놀라고, 컨디션이 한번 저하되면 여간해서는 회복되지 않는다는 것을 젊은 사람들은 인식하고 있어야 한다.

요즘은 부모와 자녀가 함께 사는 경우가 드물다. 노인과 젊은 세대가 한 공간에서 생활해볼 기회가 점점 줄어들고 있다. 사람이 나이를 먹으면 신체와 더불어 생각이 어떻게 변하는지, 또 무엇에 곤란을 느끼는지를 곁에서 보고 배울 기회가 줄어들고 있다.

이럴수록 부모가 노력해서 젊은 세대에게 고령자의 실태를 있는 그대로 보여주는 게 중요하다고 생각한다. 결국에는 부모가 걸어온 길을 자녀가 걷게 된다. 이를 자각해서 부모와 자녀의 생활에 접점을 만들도록 노력하기 바란다.

남에게 제대로 부탁하려면

젊었을 때는 생각해본 적도 없는데 지금의 내 나이쯤 되면 누군가에게 부탁해야 되는 상황에 자주 처하게 된다. 부탁하는 것을 한심스럽게 생각하기보다는 남들에게 어떤 식으로 부탁하면 좋은가를 적극적으로 생각하는 자세가 필요하다.

남에게 부탁하지 않고 자기 혼자 무리해서 어떻게든 해보려다가 실수하기보다는 차라리 타인에게 도움을 요청해서 능숙하게 일을 처리하는 편이 주위 사람들에게도 폐가 되지 않고, 곁에서 지켜보기에도 안심이 된다.

나의 체험을 예로 들자면 셀프서비스인 찻집에서 빈 커피잔과 물컵을 쟁반에 담아 약간 휘청거리며 카운터로 옮길 때였다. 스무 살쯤으로 보이는 청년이 나와 마찬가지로 빈 컵이 담긴 쟁반을 들고 지나가는 것이 보였다. 종업원이 아님을 알면서도 나는 청년에게 말을 건넸다. "미안한데 이것도 카운터까시…." 젊은이는 조금도 망설임 없이 "네" 하고 내가 들고 있던 쟁반을 받아들었다. '이렇게 친절한 젊은이가 아직도 많겠지' 하는 생각에 나도 모르게 행복해졌다.

이 찻집은 일주일에 두서너 번은 반드시 들른다. 커피를 마시고 글을 쓰면서 시간을 보낸다. 종업원 중에는 테이블 옆에 세워둔 지팡이를 보고, "제가 갖다드릴게요" 하고 커피를 가져다주는 사람이 있는가 하면, 이쪽에서 부탁을 해야 돌아봐주는 사람, 반대로 내 얼굴을 기억하고 있음에도 그냥 지나치기 일쑤여서, "미안한데 내 자리까지 갖다줄 수 없을까요?" 하고 부탁하기 어려운 사람도 있다.

하물며 스쳐 지나가는 낯선 사람에게 도움을 요청하기란 더욱 어렵다. 사정은 급한데 상대를 보아하니 여간해서는 부탁의 말이 떨어지지 않는 경우도 많다. 요즘 젊은이들은 몸이 불편한 사람이 도움을 필요로 하는 상황에 처해 있는 것을 보고도 말조차 건네지 않을 때가 많다. 노인세대와 생활해본 경험이 없는 탓인지, 아니면 조부모와 함께 살고 있지만 늘 조부모로부터 보살핌을 받아왔기에 노인을 공경의 대상으로 바라보지 않게 된 것인지도 모른다.

가끔 지나가는 젊은이들에게 도와달라고 부탁하면 이상하다는 표정으로 나를 쳐다보곤 한다. 마치 타인인 나에게 왜 도움을 요청하느냐는 표정이다. 아마도 이런 젊은이들은 집에서도 가족들에게 뭔가를 부탁받은 경험이 거의 없을 것이다. 그래서 도와달라는 부탁을 받고도 어떻게 해야 좋을지를 모르는 것이다.

인간은 누구든 나이를 먹는다. 그리고 언젠가는 자기만의 힘으로 움직일 수 없는 시기가 온다. 타인에게 도움을 베푼 경험이 없는 사람도 나이가 들면 누군가로부터 도움을 받아야 한다. 혹은 도움을 요청하지 않았음에도 도움을 받게 되는 경우도 있다. 그럴 때 누군가를 도와준 적도, 또 누군가로부터 도움을 받아본 적도 없는 사람이라면 "고맙습니다"라는 한마디 말을 꺼내지 못하게 된다. 더 늦기 전에 도움을 베풀고, 도움을 구하는 연습을 해두어야 한다.

전철 안에서 가끔 보게 되는 광경인데 젊은이가 기껏 자리를 양보해주었음에도, "괜찮아요"라고 거부하며 그냥 서서 가는 노인이 있다. 다음 역에서 내릴 건가, 하고 지켜보면 다섯 정거장, 여섯 정거장씩 계속 서서 간다. 전철이 역에 들어설 때마다 중심을 잡으려고 손잡이에 매달린다.

젊은 사람들이 친절을 베풀어주었을 때 우리 노인들은 힘들지 않더라도 친절을 베풀어준 마음을 생각해서 자리에 앉아야 한다. 그리고 자리에 앉기 전에 반드시 '고마워요' 하고 친절한 마음에 보답해줘야 한다. 그들보다 더 오래 살아온 선배로서 갖춰야 할 예의라고 생각한다.

며칠 전의 일이다. 뉴욕에서 직장생활을 하는 이웃의 젊은 남자와 우연히 길에서 마주쳤다. 이런저런 대화 도중에 인종의 도가니(박람회) 같은 뉴욕 지하철에서도 큰 짐을 들고 있는 여성이나 노인을 보면 누군가가 곁에 다가와 짐을 들어주는 장면을 지금도 심심찮게 본다고 한다.

각 나라마다 문화적인 특성이 있겠지만 고령자와 약자에 대한 사회적 매너나 배려는 유감스럽게도 일본이 가장 뒤지고 있는 것은 아닌지 걱정스럽다. 그런 분위기만 한탄하고 있을 게 아니라 고령자라는 입장에서 평소부터 사소한 일이더라도 타인에게 부탁하는 데 익숙해지도록 노력할 필요가 있지 않을까, 생각했다.

연하 사람에게 줄 물건을 미리 준비해둔다

　시어머님은 내가 남편과 결혼하기 전부터 나뿐만 아니라 손님이 찾아오면 식사를 대접하곤 했다. 당시는 전쟁이 끝난 직후여서 지금처럼 먹을거리가 풍족하지 못했다. 시아버님이 이웃 농지를 빌려 손수 가꾼 야채로 시어머님은 여러 가지 요리를 궁리해 식탁을 채우셨다.

　육류는 없어도 식탁은 풍족했다. 감자와 호박 등을 요리한 맛있는 음식을 배가 터질 정도로 실컷 먹었다. 남편 친구들도 사정이 여의치 않거나 배가 고프면 항상 시어머님께 달려왔다. 대부분의 주부들이 가족의 저녁상 때문에 고민하던 시절이었다.

　남편과 결혼하고 딸들이 태어난 후에도 시댁에 가면 항상 뭔가를 손에 들려주셨다. 아들 내외와 손녀들이 찾아왔으니 당연한 것인지도 모른다. 그러나 우리만이 아니라 어떤 손님이 찾아오든 시어머님은 빈손으로 돌려보내지 않으셨다. 시아버님이 돌아가시고 어머님도 조금씩 몸이 약해지셨다. 결국 노화에 따른 치매가 나타나 손녀들 얼굴도 분간하지 못하는 지경에 이르러서도, "잘 왔어. 바쁠 텐데 정말 고마워" 하고 마음으로부터 감사의 인사를 전하며 돌아갈 때는 베개 밑에 숨겨두었던 돈을 봉투에 담아 일일이 손에 쥐어주곤 하셨다.

손녀들만이 아니라 누구에게든지 봉투에 돈을 담아 건네셨다. 이런 일을 처음 겪는 친척들은 잠시 당황하다가도 감사히 받곤 했다. 돌아갈 때는 내 딸과 친척들이 받은 봉투를 시어머님과 함께 사는 형님에게 돌려드렸다. 치매에 걸려 세상 물정을 잊어버린 후에도 찾아온 손님을 빈손으로 돌려보내지 않으려는 어머님의 따뜻한 마음씨에 나는 항상 감탄했다. 형님도 어머님의 그런 마음을 이해하고 늘 베개 밑에 지폐 몇 장을 감춰두곤 하셨다. 그런 형님도 어머님만큼이나 따뜻한 사람이다.

어느덧 나도 어머님과 비슷한 나이가 되었다. 어머님이 평생토록 가르쳐주신 베푸는 마음을 실천할 때가 되었다고 생각한다.

재작년 여름 구사쓰(군마 현 북서부)에 들렀을 때다. 초록이 우거진 완만한 산책길을 걷다가 벤치에서 잠시 쉬고 있는데 지나가던 사람들로부터, "조금 있으면 아흔이 넘은 할머니가 수레를 밀고 올라오실 거예요. 그분에게 인사하면 사탕을 하나 받을 수 있어요."라는 말을 들었다.

실제로 몇 분 후 할머니가 올라오는 모습이 보였다. 인사를 건넸더니 환하게 웃으며 사탕을 한 개 주셨다. 아이도 아닌데 그 작은 선물에 얼마나 가슴이 두근거렸는지 모른다. 조그마한 사탕 한 개이지만 나보다 훨씬 연상인 할머니에게서 마음을 대신하는 선물로 받았다. 그 마음이 얼마나 반가웠는지 모른다. 나만 그런 게 아니라 이 할머니에게서 사탕을 받은 모든 사람이 그 순간만큼은 기쁘고 즐거웠을 것이라고 생각하니 작은 사탕이지만 우습게 여길 수가 없었다.

내가 초등학교에 다닐 무렵, 아버지가 중요한 서류를 집에 놓고 출근하신 적이 있다. 젊은 여직원이 아버지를 대신해 직접 우리 집까지 서류를 가지러 왔다. 어머니는 미안한 마음에 새로 산 손수건을 선물하셨다. 그때는 연상의 사람이 연하의 사람을 배려하는 등의 친절에 대해서는 전혀 몰랐지만 희미하게나마 아, 나도 저렇게 해야 하는구나, 라는 생각은 했다. 어머니가 보여주신 무언의 가르침이 지금도 내 마음 한구석에 남아 있다.

나이가 들면서 타인의 도움을 구할 때가 많아졌다. 근처를 산책하거나 집 근처 가게에서 물건을 사는 것도 마음처럼 몸이 따라주지 않는다. 종업원에게 남편이 차를 주차한 곳까지 물건을 옮겨달라고 부탁하는 등 신세질 일이 많다. 그때마다 나는 어머니나 시어머님이 보여주신 대로 작은 초콜릿을 건네며 감사의 마음을 전한다.

이 밖에도 가끔 집에 찾아오는 이웃의 젊은 주부들이나 아이들에게 줄 작은 선물도 미리 준비해두고 있다. 이런 사소한 선물과는 약간 다른 의미로 우리 부부는 봉사단체 등에 조금씩이기는 하지만 매년 기부금도 보낸다.

타인을 위해서가 아니다. 내 마음의 행복과 기쁨을 위해서다. 나로 인해 누군가가 웃는 모습을 볼 수 있다면 그 웃음이 내게 기쁨을 준다. 타인과 함께 세상을 사는 우리가 할 수 있는 작은 선행들이다. 알게 모르게 우리는 누군가에게 신세를 지고 있다. 그 은혜를 갚는 길은 우리 부부의 경우 형편이 어려운 분들에게 약간의 금전적인 도움을 베푸는 것이 고작이다. 그것만으로도 뿌듯한 보람이 느껴진다.

시어머님이 어려운 시절에 젊은 우리를 배불리 먹이시고, 또 시아버님은 남의 밭을 일궈 부족한 먹을거리를 채워주셨다. 구사쓰에서 만난 아흔이 넘은 할머니는 산길을 오르며 마주치는 사람들에게 작은 사탕을 건넸다. 베풂은 부자의 특권이 아니다. 나보다 젊은 누군가에게, 나보다 사정이 어려운 누군가에게 내 마음을, 관심을 보여주는 것이 우리가 할 수 있는 베풂이다.

베풂이 꼭 물질적이어야 하는 것도 아니다. 내게 인사를 건넨 젊은이에게, 물건을 들어준 종업원에게 "고마워요"라고 마음을 표현하면 된다.

내가 자주 들르는 커피숍에 친한 종업원이 있다. 항상 "제가 2층까지 커피를 갖다드릴게요" 하고 친절을 베푸는 사람이다. 그

마음이 고마워서 가끔 작은 선물을 준비하곤 한다. 그러면 웃는 얼굴로 내게 감사의 인사를 한다. 이렇게 서로 상대방을 기쁘게 하면서 더욱 친밀해지는 것이다.

나이를 먹은 후의 중요한 말 '감사합니다'

나와 친하게 지내는 친구 중 B씨가 있다. 2년 전 여름에 도쿄의 무더위를 피해 온천지로 여행을 갔다가 그곳에서 처음 만났다. 그 지역에서 매년 여름 국제음악회가 열린다. 우리 둘 다 음악을 좋아해서 쉽게 친해졌다.

최초의 만남은 그녀가 내게 말을 걸어오면서였다. 알고 보니 내가 쓴 책을 읽은 적이 있는 독자였다. 책에 실린 사진을 보고 내가 아닌가 싶어 말을 걸어온 것이다.

B씨는 간사이에 살고 있다. 나보다 열 살쯤 연하다. 2년 전에 처음 만났을 때 홀로 되신 어머니와 같은 마을에서 산다는 이야기를 들었다. 그해 가을 B씨는 갑작스레 입원했다. 그리고 B씨의 어머니는 '그룹홈'(지적장애인이 모여 사는 주택)에 입주했다.

B씨는 개성이 넘치는 매력적인 여성이다. 어머니는 아흔을 바라보고 있었는데 그녀의 말에 따르면 딸만큼이나 개성이 강한 것 같았다. 어머니 집에는 가정부가 따로 있었고, 오랫동안 삼녀인 B씨 가족과 이웃해서 살고 있었다. 노년의 생활로서 매우 좋은 환경이었다. 그런 환경에 길들여진 B씨의 어머니가 과연 '그룹홈'

이라는 낯선 사람들과의 생활에 적응할 수 있을지 걱정스러웠다.

일흔여섯인 내가 그룹홈에 입주한다면 어떨까, 하고 생각해보았다. 지금의 나라면 쉽지 않을 것 같았다. 각자의 생활을 고수해온 적지 않은 나이의 사람들이 어울려 산다는 것은 타인의 취향을 고려해야 하는 매우 번거로운 생활일 듯싶었다.

다행히 B씨는 얼마 후 퇴원했다. 몇 개월 후 2박 예정으로 도쿄에 올라온 그녀로부터 전화가 왔다. "지금 호텔에 있으니 마음 놓고 천천히 얘기해요" 하고 말해서 우리는 여러 가지 잡담을 했다. 통화 중에 그녀의 어머니가 지내고 있는 그룹홈이 화제에 올랐다.

"내가 딸이라 그런지는 몰라도 지금까지 엄마한테서 '고맙다'는 말을 들어본 기억이 없어요. 그런데 요즘은 무슨 일만 있으면 '고맙다'는 말을 입에 달고 사세요."

B씨가 계속해서 말했다.

"나이를 먹어서 그룹홈 등에 입주하지 않아도 다른 사람에게 도움 받을 일이 많잖아요. 그럴 때 가장 중요한 말이 '감사합니다'라는 말이래요."

남편과 사귀면서 처음 시어머님과 만났을 때 친절하다는 인상을 받았다. 실제로 시어머님은 누구에게든 친절하고 다정했다. 식사준비를 하면서 곁에서 그릇만 옮겨도 "고마워요"라는 인사를 잊지 않으셨다. 결혼 후에도 시어머님의 다정함에는 변함이 없었다.

시아버님이 돌아가시고 나이를 드시면서 시어머님은 급속히 몸이 약해지셨다. 그리고 건망증도 심해지셨다. 그렇게 몸이 안 좋아진 후에도 누가 찾아오면 얼굴을 기억하지 못하시면서도 "정말 고맙습니다"라고 입버릇처럼 말씀하셨다.

나이가 들면 타인의 도움이 필요해진다. 누군가로부터 도움을 받았을 때 아무리 사소해도 시어머님은 고맙다는 인사를 잊지 않으셨다. 그 마음이 자연스레 상대방에게 전달되었다. 그런 점에서 새삼 훌륭한 분이었다고 감탄하게 된다.

열두 살까지 나는 외동딸이었다. 세상이 온통 나를 중심으로 돌아가는 것 같았다. 중년이 되어서도 그런 습관은 쉽게 사라지지 않았다. 타인과의 교류에서 자연스레 감사의 말이 입 밖으로 나온 적이 없다. 나중에서야 "또 실례를 저질렀네" 하고 후회할 때가 많았다.

그런 내가 요즘은 달라졌다. 남들에게 도움 받을 기회가 많아진 탓인지 산책길의 좁은 골목에서 사람과 마주칠 때마다 "미안합니다", "죄송합니다"라는 말이 무심결에 나온다. 그리고 무엇보다도 내가 먼저 지나가도록 기다려준 사람에게 "고맙습니다" 하고 감사의 마음을 표현할 수 있게 되었다.

언제가 될지는 모르지만 나도 치매에 걸릴 수 있다. 그때가 되더라도 나를 돌봐주고 기억하는 모든 사람에게 "고마워요"라고 말하게 되기를 바란다. 그래서 요즘은 '고마워요'라고 말하는 습관을 들이기 위해 노력하고 있다.

시어머님만큼은 아니더라도 아직 건강할 때 주위 사람들에게 "고마워요"하고 내 마음을 전하고 싶다. 다정했던 시어머님을 생각하면서 날마다 그런 연습을 하고 있다.

자녀가 유산 때문에 다투지 않게 하려면

결혼해서 아이를 낳고, 그 아이들이 자라 성인이 된다. 그리고 각자의 자리에서 한 사람 몫을 하는 사회인이 되고, 부모로부터 독립해서 결혼을 한다. 나만 그런 것이 아니라 모든 부모가 자녀들이 사이좋게 지내기를 바란다. 그것이 늙은 부모에게는 가장 큰 소원이다. 화목한 아이들을 바라보며 안심하고 눈을 감게 되는 것이다.

그러나 살다보면 뜻처럼 되지 않는 일이 많다. 자녀들의 화목도 그렇다. 성인이 된 자녀들이 반목하는 가장 큰 이유는 금전 문제다. 특히 부모가 다른 자녀들에게 알리지 않고 특정 자녀에게만 금전적인 혜택을 베풀어준 것이 들통 날 경우 심각한 문제가 벌어지기도 한다.

예를 들어 집을 사야 하는데 돈이 부족하다거나, 사업자금이 없다며 사정하는 자녀에게 많은 돈은 아니더라도 어쨌든 부모의 재산 일부를 변통해주는 것은 인지상정이다. 다만 이런 사실을 다른 자녀에게 비밀로 했을 때 형제자매 간에 불화의 원인이 된다.

대학을 졸업하고 직장을 구하겠다고 했을 때 아버지와 어머니는 적극적으로 도와주셨다. 그때만 해도 여자가 직업을 갖는 경우가 많지 않았다. 부모님은 내가 남자와 마찬가지로 사회생활을 하는 것을 나쁘게 생각하지 않으셨다. 다만 어머니는 같은 여자 입장에서 질투와 비슷한 감정을 보일 때가 있었는데, 동성인 어머니와 딸의 관계는 아버지와 딸의 관계와는 약간 다른 면이 있었던 것 같다.

취직한 지 2년 후에 대학교에서 만난 지금의 남편과 결혼했다. 전쟁이 끝나고 10년쯤 지났을 때니 모두가 어려운 시기였다. 우리 집도 마찬가지였다. 아버지가 건축사무소에서 보잘것없는 일을 하시는 등 경제적으로도 여유가 없었다. 더구나 부모님은 나의 결혼을 반대하셨다. 그래도 내가 할 수 있는 범위에서 결혼 준비를 했다. 직장이 있다는 자신감 때문인지 부모님의 반대도 별로 걱정하지 않았다.

당연히 결혼을 앞두고 부모님에게 손을 내밀지도 않았다. 모두가 가난했던 시절이어서 그런 일로 불만을 품지도 않았다. 서운하다고 생각한 적도 없다. 그리고 15년 후에 여동생이 중매로 결혼했다.

그 무렵에는 아버지의 일이 궤도에 올라서 부모님이 여동생의 결혼을 직접 챙기셨다. 시대가 변했고, 나와는 달리 여동생은 부모님이 원하는 상대를 선택했으므로 부모님 입장에서도 결혼에 대해 호의적이셨다. 동생은 부모님으로부터 경제적인 지원을 많이 받았다. 상황이 상황인 만큼 나도 당연하다고 생각했다. 그래도 서운한 게 있었다. 어머니가 동생의 결혼과 관련해서 나에게 단 한 번도 상의나 언급 등을 하지 않았다는 점이다. 오히려 내 앞에서는 쉬쉬하는 것 같았다. 그 때문에 여동생과 사이가 어색해지거나 하지는 않았다. 우리 자매는 서로 숨기는 게 없어서 자주는 못 만나도 전화통화는 며칠에 한 번씩 하고 있다. 그래도 어머니에 대한 서운함은 오랫동안 남아 있었다.

친구들에게 물어보면 나와 비슷한 감정을 가진 경우가 많았다. 유산다툼도 비슷한 데에 원인이 있지 않을까 생각한다. 가족 간에 서로 의심하지 않게 하려면 자녀가 학교를 졸업하고, 사회인이 되고, 또 부모도 정년을 앞둔 무렵 상속에 관해 서류를 미리 준비해 두는 것이 좋다. 가정마다 여러 가지 사정이 있을 것이다. 그래도 최소한 상속 문제만은 부모로부터 확실한 언급이 있어야 한다. 그래야만 자녀의 오해나 질투를 방지할 수 있다.

부모로서 약간이라도 자녀에게 유산을 남겨줄 수 있는 상황이라면 자신이 세상을 떠난 후에 자녀들끼리 부모의 재산을 놓고 보기 흉한 다툼이 벌어지지 않도록 공평하게 나눠줘야 한다. 우리 부모님은 나보다 누구를 더 사랑했다는 마음의 상처를 떠넘겨서는 곤란하다. 부모 된 입장에서 자녀는 아무리 늙어도 자녀다. 사랑스러울 수밖에 없다. 내가 이 세상을 떠난 후에도 지금처럼 행복하게 살아주기를 바란다.

그렇다면 살아 있을 때 재산 문제를 확실하게 결말지어야 한다. 친구, 지인과 상의해서 믿을 수 있는 변호사를 소개받아 유언장을 작성한다. 그것이 가장 깨끗하고 확실한 방법이다. 자녀들이 오해하지 않도록 한 명, 한 명에게 자신의 의사를 밝히고, 부모를 모신 기간이라든가, 각자의 형편에 맞게 재산을 분배했다는 증거 서류를 문서로 남긴다. 약간의 수수료가 들더라도 그렇게 해야만 자녀들도 오해하지 않고 부모의 의사를 납득한다.

내 친구들은 대부분 60대 후반에서 70대 중반이다. 그 친구들로부터 친정 부모님이나 시부모님이 돌아가신 뒤 형제 간의 유산 다툼으로 고생했다는 경험담을 상당히 많이 들었다. 유언장이 있었다면 이런 볼썽사나운 일은 없었을 텐데, 하고 아쉬워하는 목소리가 많았다.

내 친구인 이시카와 요시코 씨의 남편은 60대 후반에 갑작스러운 심장마비로 세상을 떠났다. 그녀의 남편은 장남이었고, 누이와 여동생 네 명이 더 있었다. 요시코 씨는 결혼 직후부터 시어머님을 모시고 살았다. 아흔이 넘은 시어머님이 혼자 화장실에 가지 못하게 되었을 때는 업어서 데려다드릴 정도로 극진히 모셨다. 요시코 씨는 남편이 사망한 후에도 시어머님을 홀로 모셨다.

요시코 씨는 천성이 밝고 명랑했다. 남편이 죽었을 때는 무척 슬퍼했지만 금세 떨치고 일어섰다. 하루는 요시코 씨에게, "시댁 식구들에게 시어머님을 부탁하는 게 어때요?" 하고 권해봤는데 그녀는 난처한 표정으로, "시댁 식구 중에 맡겠다는 사람이 없어요. 지금까지 계속 어머님이랑 살았으니까 내가 할 수 있을 때까지 모시고 살고 싶어요." 하고 대답했다. 그녀는 우리 앞에서 한 번도 힘들다고 푸념을 늘어놓은 적이 없다.

문제는 시어머님이 돌아가신 후에 벌어졌다. 시누이들이 몰려와 요시코 씨에게 살고 있는 집에서 나가라고 요구한 것이다. 그 집은 시어머님 앞으로 되어 있었다. 남편인 이시카와 씨는 갑작스레 세상을 떠났고, 시어머님도 유언장 같은 것은 남기지도 않았다. 60대 중반의 요시코 씨는 하루아침에 시댁 식구들에게 집을 빼앗길 처지에 놓이게 되었다.

시누이가 넷이었지만 장남이 세상을 떠나고 며느리인 요시코 씨가 10년 넘게 병든 시어머님을 시중들며 모시고 살았다. 그리고 시어머님이 세상을 떠나자마자 그동안 모른 척하고 지내던 시누이들과 유산다툼이 벌어졌고, 급기야는 재판이 벌어졌다. 우리 앞에서는 한 번도 힘든 표정을 짓지 않던 요시코 씨도, "법원에서 출석하라는 통지가 왔을 때는 정말 놀랐어요. 이런 일은 익숙하지도 않고 까딱하면 살던 집도 빼앗길까봐…. 앞으로 몇 번이나 더 법원에 가야 될지 몰라요." 하고 힘없는 목소리로 어려움을 토로했다.

요시코 씨와 같은 예가 의외로 많다. 다른 친구들도 시부모와 친정부모의 사망을 기점으로 형제 간에 유산다툼이 벌어진 경우가 많다. 돌아가신 부모님을 애도할 틈도 없이 보기 흉한 재산다툼의 막이 오르는 것이다.

나의 경우는 아버지와 어머니가 80세를 지나면서, 특히 어머니가 치매 증세로 고생하기 시작한 때부터 여동생과 내가 직접 유산 문제를 상의했다. 어머니가 돌아가셨고, 이어서 아버지가 돌아가셨다. 덩달아 나도 요통으로 고생했다. 자리에서 일어나지도 못했다. 아버지의 장례식은 물론이고 뒤처리까지 여동생이 수고해주었다. 동생은 자기가 알아서 아버지의 유산을 정리해 반씩 나눴다.

우리 집은 자매 단둘이라 간단했는지도 모른다. 어쨌든 집안일과 관련한 모든 사무를 동생이 처리해주어서 정말 고마웠다. 친구들로부터 유산 때문에 골치 아프다는 말을 들을 때마다 나는 여동생을 떠올렸다. 그리고 진심으로 감사했다.

우리 부부도 딸만 둘이다. 모두 결혼했고, 동갑인 손녀가 하나씩 있다. 딸들은 어떻게 생각할지 몰라도 우리 부부는 두 딸에게 똑같은 애정을 베풀었다고 생각한다. 세상에 두 자매뿐이므로 우리 부부가 세상을 떠난 후에도 서로 도우며 사이좋게 지냈으면 좋겠다.

우리 부부는 처음부터 경제적인 부분은 두 딸에게 숨김없이 알려주고 있다. 연말이 가까워지면 남편은 1년간의 자산일람표를 작성한다. 먼저 나에게 보여주고, 이어서 딸들에게 설명해준다. 작년과 비교해서 차이가 있으면 세세한 부분까지 통장사본 등을 보여주며 납득시킨다.

만약 두 딸 중 하나가 경제적인 도움을 요청했을 때는 다른 한 딸에게 연락해서 사정을 설명한다. 여동생의 결혼을 앞두고 내가 느꼈던 서운한 감정을 딸들에게는 맛보게 하고 싶지 않기 때문이다.

어찌 보면 이것도 가족자랑 같은데, 시부모님은 만년에 장남인 아주버님 집에서 생활하셨다. 형님은 시부모님을 자기 부모처럼 끝까지 보살펴드렸다. 남편에게 들은 이야기인데, 아버님이 돌아가시고 1주기 제사를 지낸 후 시댁의 형제자매 다섯 명이 모였을 때 아주버님이 이런 말씀을 꺼냈다고 한다.

"아버지가 남긴 재산은 막내 남동생이 살고 있는 집뿐이다. 우리 형제 중 집이 없는 형제는 막내뿐이다. 너희가 찬성해준다면 그 집을 막내 명의로 하고 싶다."

아주버님은 평범한 샐러리맨으로 정년퇴직해서 생활에 큰 어려움이 없었지만 부유한 편도 아니었다. 아버님이 돌아가시고 장남으로서 가족을 돌보느라 이런저런 고생이 많았다.

　아주버님과 형님인 하루코 씨는 10년 넘게 시부모님을 모시고 살았다. 어머님은 그런대로 건강하신 편이었지만 아버님이 돌아가신 후로는 하루코 씨에게 많이 의지하셨다. 그렇게 병든 어머님을 모시는 와중에도 아주버님은 아버님의 유일한 유산을 막내 동생에게 양보했다. 남편의 결정을 묵묵히 따르는 하루코 씨에게 저절로 존경심이 솟아났다. 둘째 며느리임에도 시댁에 별로 도움을 준 기억이 없는 나로서는 그저 부끄러울 뿐이었다. 몇 해 뒤 어머님도 돌아가셨다. 아주버님네 조카들도 모두 결혼했다. 지금은 두 내외가 조금 편해진 것 같아 다행이라고 생각한다. 가끔 형님에게 전화를 드리면 힘든 시기에 아무런 도움이 못 된 나에게, "요새 허리는 좀 어때?" 하고 먼저 안부를 물어온다.

　재산을 공평하게 나누는 것만큼이나 자녀 간의 우의를 지켜주는 것도 중요하다. 시댁 식구들을 볼 때마다 드는 생각이다.

　작년 여름 오스트레일리아에 사는 맏딸이 열두 살이 된 손녀를 데리고 6일간의 일정으로 도쿄에 왔다. 금요일 저녁 나리타에 도착한 딸과 손녀는 우리 집에 들르기 전에 시내에 사는 둘째 딸네에 갔다. 둘째네 집에도 열두 살짜리 딸이 하나 있다. 하룻밤만이라도 같은 나이의 사촌이 함께 지낼 수 있도록 자리를 마련한 셈이다.

둘째네 집에서 하룻밤 묵은 큰딸은 택시를 타고 우리 집에 왔다. 이튿날 우리 부부와 함께 둘째 딸의 집에 가서 오랜만에 일곱 명이 점심을 함께했다. 아쉽게도 큰 사위는 일이 있어 일본에 오지 못했다. 우리 부부, 두 딸, 손녀 둘, 둘째 사위가 식탁에 둘러앉아 두 시간 남짓 즐거운 시간을 보냈다.

이런 기회가 1년에 한 번뿐이라도 늙은 부부로서는 정말 감사하다. 이런 만남과 유대를 통해 유산 문제도 미리 방지하게 되지 않을까, 라고 생각해보았다. 서로를 이해할 기회가 늘어날수록 다툼과 오해는 저 멀리 사라진다.

여든을 앞둔 우리 부부에게 사위를 포함한 자녀들, 그리고 손녀들은 가장 큰 보물이다. 언제나 화목하게 지내주기를 바란다. 그래서 우리 부부는 세상을 떠나기 전에 재산 문제 등은 확실하게 정리할 생각이다. 딸 내외뿐 아니라 두 손녀도 성인이 된 후 자매처럼 서로 도우며 살아주기를 바란다. 할머니로서 그보다 더 큰 소망은 없다.

언젠가 이 세상에서 우리 부부가 사라지더라도 우리 아이들은 화목하게 지낼 것이라는 확신이 지금 우리 부부에게는 가장 소중한 재산이다.

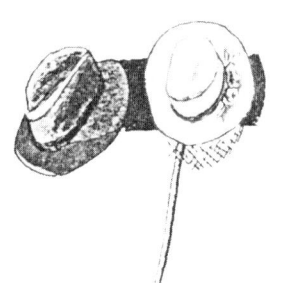

5. 건망증과 몸치장에 대하여

기록하면 잊지 않는다

언제부터였을까. 이불커버나 시트를 언제 세탁했는지 잊어버리곤 한다. 우리 집은 속옷은 매일 세탁하고 시트나, 파자마 등은 거의 일주일에 한 번 세탁했다.

그런데 최근 1년간 주 1회라는 간격이 애매해졌다. 반년 전이었을 것이다. 하루는 남편이, "요즘은 언제 세탁기를 돌렸는지 가물가물하니까 아예 표를 만드는 게 어때?" 하고 건의했다. A4 크기의 가로로 줄이 쳐진 공책으로 표를 만들었다. 중간을 나눠 오른쪽은 남편 빨래, 왼쪽은 내 빨래를 적었다. 우리 집의 세탁기는 시트를 한 번에 한 장씩밖에 빨지 못하게 되어 있기 때문이다.

그리고 위쪽에 정기적으로 세탁해야 할 품명, 예를 들어 시트, 이불커버, 베개커버, 파자마 등을 적고, 각 줄마다 숫자를 적는데 이 숫자는 1부터 31까지다. 즉 1개월에 노트 한 장을 사용하는 셈이다. 능력이 된다면 워드 작업을 권하고, 만약 일반 노트를 고른다면 칸이 31개가 되는지 확인하기 바란다.

우리 집에서는 침실문에 표를 붙여놓았다. 세탁은 남편 몫인데 아침에 일어나자마자 남편이 표를 보고 세탁할 것들을 정한다. 나는 그날 세탁해야 될 목록에 동그라미를 표시한다. 이것으로 오늘 해야 될 빨래가 무엇인지 헷갈리는 일이 없게 되었다. 75세가 될 때까지 이런 표가 필요하리라고는 생각도 못했다.

빨래만이 아니다. 우리 부부가 가장 신경 쓰고 있는 병원 진료와 외부 약속 및 일정에 대해서도 잊지 않도록 방법을 강구했다. 약속을 잡았을 때 거실의 전화 위에 있는 달력과 내가 늘 들고 다니는 수첩 양쪽에 적어둔다. 거실 전화기 위에 걸어놓은 달력은 날짜 밑에 공간이 약 3센티미터 비어 있다. 그 공간에 약속 및 일정을 미리 적어두는 것이다.

나는 매주 수요일 온수풀에서 T선생에게 재활 치료를 받고 있다. 나의 일정 중에서 가장 중요한 약속이므로 달이 바뀌면 그달의 모든 수요일에 반드시 그 일정을 기록한다. 남편이 차로 태워줘야 하기 때문에 나뿐만이 아니라 남편에게도 중요한 일정이다. 그래서 남편도 누군가와 약속할 때 우선은 "수요일은 안 돼요" 하고 미리 양해를 구한다.

다음으로 중요한 일정이 병원 진료다. 남편과 내가 다니는 병원이 다르므로 이것은 각자의 일정이다. 그 밖에도 남편은 옛날 직장동료들과 한 달에 한두 번 신주쿠에서 바둑을 두거나 마작을 즐긴다. 나도 친구를 만나거나, 편집자와 미팅을 한다. 지방에서 모처럼 상경하는 동창들과 약속을 잡을 때면 통화 중에 달력에 표시를 한다. 가까운 친척과 친한 친구의 생일도 달력에 미리 적어 놓는다. 달력에 기입된 모든 내용, 즉 약속이라든지, 친척과 친한 사람들의 생일 등은 내가 항상 들고 다니는 조그마한 수첩에도 똑같이 기록되어 있다. 그런데도 까맣게 잊어버릴 때가 있다.

요즘은 매일 아침 달력과 수첩을 보면서 그날의 일정 및 내일의 일정을 확인하는 게 습관이 되었다. 벌써 여러 번 약속을 잊고 폐를 끼친 경험이 있기 때문이다. 내 일정만이 아니라 남편의 일정도 함께 챙겨주고 있다. 반대로 남편도 나의 일정을 같이 챙겨준다. 서로의 일정을 함께 확인하는 것이다.

달력에 약속 장소와 시간 등만 적어두는 것이 아니라 집에서 몇 시에 나갔는지, 또 몇 시쯤 돌아왔는지도 적고 있다. 우리 부부는 요즘 들어 귀가 약간 어두워졌다. 요일을 잘못 듣고 착각하거나, 시간 등을 잘못 알아듣는 경우가 종종 있다.

그 때문에 같은 질문을 반복할 때가 많다. 처음에는 계속 같은 질문을 되풀이하는 바람에 '또 물어봐?' 하고 짜증이 나기도 했다. 입 밖으로 투덜대기도 했다. 그래도 이렇게 서로 도와가며 살아야 한다는 것을 알기에, 또 누구의 탓도 아님을 알기에 지금은 되도록 웃으면서 설명하려고 노력한다.

다행히도 요새는 "아니, 또 물어보는 거예요!" 라든가, "아까 말했잖아!" 라는 등의 듣기 싫은 소리는 하지 않는다. 조금 목소리를 높여서 방금 했던 말을 한 번 더 반복할 뿐이다. 그럴 때마다 나는 "또 물어봐서 미안해요"라고 말하는데 남편은 미안하다는 말까지는 하지 않는다. 남편이 되묻지 않아도 내 쪽에서 한 번 더 확인한다. 못 듣고 지나쳤을 수도 있기 때문이다.

이 나이에도 약속이 적지 않은 우리 부부에게 타인과의 약속은 매우 중요한 일과다. 최근에는 상대방이 조금 귀찮게 생각하더라도 전화나 메일 등으로 내가 먼저 약속을 확인하는 경우가 많아졌다. 혹시나 내 실수로 약속 장소에 늦게 나타나거나 실수를 저지르는 것보다는 조금 귀찮게 하는 편이 낫다고 생각한다.

병원에 들를 때는 단번에 병원으로 직행하는 것이 아니라 근처 찻집에 들러 예약 시간 등을 한 번 더 확인하려고 노력 중이다. 집에서 출발하기 전에 일정을 확인했으므로 충분하겠지만 그래도 바깥에서 한 번 더 확인해야 마음이 놓인다. 또 내 나이에는 수시로 확인하고 안심하는 것도 건강에 좋다고 생각한다.

무엇에든지 날짜를 써둔다

오랜만에 한때 이웃이었던 모리가와 씨로부터 엽서를 받았다. 특별한 용건은 아니었지만 그래도 나를 잊지 않고 멀리 센다이에서 이렇게 편지를 보내줘서 기쁘고 감사했다. 사무적으로 짧은 답장을 쓰기보다는 서랍에 잘 보관해두었다가 나중에 천천히 인사를 전하고 싶었다.

며칠 후 친척 한 분이 입원했고, 나도 몸이 별로 좋지 않았다. 그렇게 열흘쯤 그냥 지나가버렸다. 문득 편지 생각이 나서 엽서를 찾아 다시 읽었다. 그런데 언제 받았는지 기억이 나지 않았다. 날짜를 확인하려고 하니 발송 날짜도 적혀 있지 않았다. 우체국 소인도 희미해져 날짜가 알아볼 수가 없었다.

친구 간의 사적인 편지이므로 대단한 내용은 아니었지만 앞으로는 우편물에 일일이 날짜를 떠두어야겠다는 생각이 들었다. 발송 날짜가 아닌 내가 받은 날짜를 쓰는 것이다. 그전에도 내가 보내는 편지에는 날짜를 기록하는 습관이 있었다.

우편물뿐 아니라 최근 1년간 이건 언제 쓴 글인지, 혹은 언제 구입한 물건인지 도저히 생각이 안 나 곤란해지는 일이 잦아졌다.

마트에서 파는 과자 등에는 유통기한이 표시되어 있다. 그러나 집 근처 가게에서 낱개로 파는 과자나, 한 마리씩 파는 말린 생선 등에는 유통기한이 따로 적혀 있지 않다. 냉장고에 넣기 전에 구입한 날짜를 적어두지 않았다간 존재 자체를 망각하는 수가 있다.

내일쯤 먹어야지, 하고 생각하면서 반투명 비닐봉투에 담아 냉장고에 넣었다가 열흘이 지난 후에야 발견하게 되는 경우도 있다. 이럴 줄 알았으면 진작에 매직펜으로 봉투에 구입 날짜를 적어둘걸, 하고 후회하기 일쑤다.

전에는 언제 구입했었는지 물건만 봐도 생각이 났는데, 최근 1~2년은 2~3일 전에 산 물건도 이걸 왜 샀는지 기억이 아련하다. 말린 생선을 꺼내놓고도 한동안은 어제 사지는 않았는데 대체 언제 산 걸까, 하고 혼자 고민하곤 한다.

이를테면 이 책만 해도 그렇다. 단행본 출간을 위해 원고를 쓸 때 200자 원고지로 7~8매, 혹은 15매 분량의 원고를 몇 편 정리하여 단락을 지어왔는데 지금까지는 원고에 날짜를 써둘 필요성을 못 느꼈다.

최근에는 예전처럼 빨리 쓰지 못하게 된 탓도 있지만 문득 떠오른 생각이라든가, 옛날에 겪었던 일들을 정리해두고도 내가 언제 이런 것을 써두었을까, 하고 헤맬 때가 적지 않다. 금년 봄에 썼는지, 작년 가을에 썼는지 헷갈린다. 이런 일을 몇 번 겪은 후부터 겁도 나고 당황스럽기도 해서 원고 서두에 반드시 그날 날짜를 기록한다. 메모용 노트든, 새로 산 책이든, 주방에서 쓰는 도구든 상관하지 않고 구입한 날짜, 또는 사용하기 시작한 날짜를 의식적으로 써넣고 있다.

친구나 이웃에게서 과자나 뱅어포 등을 선물받았을 때도, 하다못해 조그만 비닐봉지에 담아서 가져온 것이더라도 오늘 당장 먹을 것이 아니라면 날짜를 써두었다. 최근 들어 "어머, 이건 어느 분에게 받았더라?" 하고 금방 떠오르지 않을 때가 많다. 그래서 앞으로는 날짜만 써두는 게 아니라 이름도 써넣어야겠다고 생각 중이다.

조미료 등도 사용하는 양이 줄어서 이왕이면 소량으로 구입하려고 노력한다. 품목에 따라서는 1년 넘게 쓰는 경우도 있다. 간장이라든가, 소금처럼 자주 쓰는 조미료는 작은 병에 따로 담아 레인지 옆에 두고, 나머지는 냉장고에 보관하는데, 여기에도 구입 날짜를 적어놓는다. 여름이 지나거나, 1년이 경과하면 아깝더라도 새것을 구입한다.

품목을 따지면 한도 없지만 옷도 구입한 날짜를 적어둬야겠다는 생각이 든다. 청색 카디건이 몇 장 있는데, 3년 전에 샀는지, 작년에 샀는지 헷갈릴 때가 많다. 처음 구입할 때는 디자인이 심플해서 유행을 타지 않고 오래 입겠다고 생각했지만 막상 몇 년 지나고 보니 어쩐지 촌스러운 느낌이 든다. '이걸 언제 샀더라?' 하고 생각해내려 해도 도무지 기억이 안 난다. 나이가 들어도 유행을 의식할 필요가 있다. 이왕이면 최근에 구입한 옷을 입고 외출하는 게 좋다. 뒷목 부근의 라벨에 구입한 날짜를 조그맣게 적어둔다면 보다 수월할 것이다.

지금처럼 나이 들기 전에는 사소한 일상까지 일일이 기억해둘 필요는 없다고 생각하며 살았다. 그러나 현재는, 특히 최근 1~2년은 기억하려고 노력해도 쉽지 않다. 방금 전에 통화하고도 "지금 누구랑 통화한 거지?" 하고 한참을 생각해야만 간신히 알아차리는 일도 생겼다.

그러다보니 괜한 일에 쓸데없이 초조해지고 낙심하는 상황이 반복되었다. 이에 대한 개선책으로 나는 매사에 날짜를 기입하는, 약간은 번거로운 작업을 선택하게 되었다. 번거로웠지만 '기억나지 않는다' 는 스트레스에서 벗어날 수 있었다. 첫 번째 실천 항목으로 언제, 어디에서나 부담 없이 날짜를 기입할 수 있게끔 가는 매직펜이나 연필을 주방과 식탁 등에 비치해둔다.

사과나 귤 같은 과일껍질에도, 양배추나 양상추 같은 채소류에도 구입 날짜와 구입 장소 등을 써놔야겠다는 생각도 한다. 나이가 들수록 한 끼에 먹는 양이 줄어든다. 사과 하나를 혼자 먹지 못할 때가 있다. 그래서 이왕이면 과일을 한 개씩 사려고 하는데 세일 기간에는 가격이 저렴해서 너더댓 개씩 한꺼번에 사는 경우가 종종 있다.

  하루에 우리 부부가 사과를 먹는다고 해도 반 조각이 전부다. 과일을 사과만 먹는 것도 아니고, 사과만 사는 것도 아니어서 냉장고에 쌓일 때도 있다. 언제 사뒀는지도 몰라서 싱싱한 놈은 피하고 오래된 녀석부터 먹으려고 고를 때도 많다. 만약 사과껍질에 날짜를 적어놓을 수 있다면 열흘 이상 냉장고에서 보관 중인 사과는 잼을 만들어 먹고, 최대한 싱싱한 것을 맛있게 먹을 수 있을 것이다. 번거로워 보일지 몰라도 이렇게 하면 식중독 등의 사고도 미리 방지할 수 있다.

집안 여기저기 있으면 편리한 것들

나이가 들면 건강할 때는 깨닫지 못했던 일, 필요도 없었던 일이 소중하게 여겨진다. 그중에서 내가 실천하기를 잘했다고 생각하는 것을 몇 가지 적어보기로 한다.

화장수를 곳곳에 둔다

가을부터 겨울, 봄에 걸쳐 공기가 마르면 피부가 건조해진다. 노인성 건조피부라고나 할까, 얼굴과 몸이 가렵다고 말하는 사람이 늘어난다.

누군가로부터 들은 이야기인데 화장수를 화장대와 세면대만이 아니라 침실과 거실 한구석에 놓아두고 생각날 때마다 얼굴에 바르면 주름을 어느 정도는 막을 수 있고, 가려움증에도 효과가 있다고 한다.

나는 알레르기 체질이다. 초봄이면 어김없이 눈 언저리가 가렵다. 최근에는 안경코에 닿는 부위가 가렵더니 붉게 반점이 생겼다. 나와 비슷한 체질로 고생하는 사람이 많을 것이다. 화장수와 바셀린 등을 준비해두고 수시로 바르면 가려움증에서 벗어날 수 있다.

메모용지와 필기류

전화기 옆에는 전부터 메모지를 놓아뒀는데 최근에는 현관과 침대 머리맡, 컴퓨터 옆에도 메모지를 비치해두고 있다. 물론 필기도구도 함께 준비한다.

지금은 휴대전화기도 사용하기 때문에 어떤 방에서 전화를 받아도 메모할 수 있도록 준비해두고 있다. 특히 남편에게 전해야 될 이야기는 잊어버렸다간 큰일이다. 전화통화에 의한 메모만이 아니라 현관이나 뒷문으로 방문하는 이웃사람들로부터의 전언도 있다. 또 컴퓨터 메일로 남편에게 전해야 될 소식도 있다. 이런 소식들을 남편에게 전하는 것을 잊어버리지 않도록 메모지를 집안 곳곳에 놓아두고 갑작스러운 상황에 대비하고 있다.

어차피 메모일 뿐이니 아무 종이나 써도 괜찮다고 생각하지만, 그래도 기분상 현관에는 조금 비싼 용지를 비치해두었다. 전화기 옆에는 A4 크기의 노트를 준비해두었고, 이 밖에도 포스트잇을 갖다놓았다. 먼저 노트에 기록하고 다시 포스트잇에 옮겨 적은 후 남편이 볼 수 있는 곳에 붙여두거나 내 수첩에 붙여둔다.

나이가 들수록 건망증이 점점 더 심해지는 것은 어쩔 수 없다. 이럴수록 지혜를 짜내 스스로를 관리하는 것이 중요하다. 이왕이면 예쁘고 보기 좋은 메모 용지를 준비하면 기분이 더욱 상쾌해진다.

사진을 꾸민다

좋아하는 그림을 액자에 넣어 장식하거나 화분을 이용하여 실내 인테리어를 하는 사람이 많다. 나는 사진을 좋아한다. 가까운 사람들의 사진을 액자에 장식해서 걸어두는 것이다.

우리 집 거실에는 손녀들이 태어났을 때의 사진과 한 살과 두 살 생일 때 찍은 사진, 또 딸네 가족들이 집에 놀러 왔을 때 다 함께 찍은 사진이 있다.

손녀들은 똑같이 열두 살인데 우리 집에 올 때마다 십여 장의 사진이 모자이크처럼 꾸며진 액자 앞에서 한참을 구경하곤 한다. 집에도 같은 사진이 있겠지만 앨범을 꺼내야 하기에 이렇게 개방된 공간에 자기들 사진이 놓여 있는 게 꽤나 신기한 모양이다. 갓 태어났을 때의 사진부터 두 살 무렵 할아버지와 함께 욕조에서 목욕하는 사진, 한창 응석 부리던 서너 살 때의 모습을 지그시 바라보면서 무엇인가를 골똘히 생각한다.

손님들도 이 액자를 보면서, "손녀들 사진을 이렇게 액자 하나에 넣어두니까 보기 좋네요." 하고 즐거워한다.

라디오를 켠다

의외라고 생각할지 모르겠으나 우리 집 여기저기에 라디오가 있다. 고령자를 대상으로 하는 인기 프로그램 중에 몇 년 전부터 방송을 시작한 NHK의 '라디오 심야'가 있다. 밤 열한 시 십 분부터 새벽 다섯 시까지 아나운서 한 명이 홀로 진행하는 방송이다.

  매일 여러 명의 아나운서가 돌아가면서 방송을 진행하는데 다들 베테랑으로 목소리도 좋고 진행도 푸근하게 한다. 방송을 듣다가 나도 모르게 잠이 들곤 한다. 또 새벽에 잠이 깨어 쉽게 잠들지 못할 때도 방송에 귀를 기울이다보면 어느 사이엔가 잠에 취한다. 어두컴컴한 방 안의 적막 속에서 잠들지 못한 채 뒤척이지 않아도 된다. 라디오의 심야 프로그램 중에는 고령자를 염두에 둔 방송이 꽤 된다. 대부분 청취자들의 사연을 소개해주면서 흘러간 옛 노래를 틀어준다. 배우자나 가족들이 신경 쓰인다면 이어폰을 사용해도 좋다.

  이렇듯 성인 대상 심야 프로그램을 방송하는 라디오 방송국은 NHK뿐만 아니라 민방도 있다. 솔직히 말해서 텔레비전보다 지적 수준이 높고, 시끄럽지도 않다. 나는 이어폰이 달린 소형 라디오와 중형라디오를 베개맡에 항상 준비해둔다. 남편도 이어폰이 달린 라디오가 있다. 이렇게 우리 집에는 방마다 CD 플레이어와 라디오가 있다. 뿐만 아니라 욕실에도 라디오(방수가 되는 제품)가 있어서 남편은 아침마다 면도를 하면서 라디오를 듣곤 한다.

  남편은 빨래를 너는 2층 발코니에도 라디오를 갖다놓았다. 고령자는 미지근한 욕조에서 반신욕 등을 충분히 즐기는 게 건강에 좋다고들 하는데, 욕실에 라디오를 준비한 이후로는 목욕 시간이 길어졌고, 기분도 훨씬 좋아졌다.

귀가 조금 어두워져서 볼륨을 높여도 이어폰을 끼고 들으니 주위에 폐를 끼치지 않는다. 고령자에게는 시각적으로 부담스러운 텔레비전보다는 라디오가 매체로써 유용한 것 같다.

테이블시트

테이블시트도 여러 개 준비해두면 매우 편리하다. 캐나다에서 3년쯤 생활한 탓인지는 모르겠으나 서재의 책상을 제외하고는 집 안의 가정용품과 살림 등에 시트를 장식해두었다.

남편과 단둘이 식사할 때도, 혹은 이웃이 놀러 왔을 때도 항상 다이닝테이블에 시트를 장식한다. 조금 더러워지면 걸레로 닦거나 하면서 깨끗이 관리하려고 노력한다. 요즘은 세탁 후에도 다릴 필요가 없는 제품이 많다. 무늬가 있는 시트는 약간의 더러움 정도는 눈에 띄지도 않는다.

같은 제품을 색상별로 구입해서 계절이 바뀌거나 기분 전환을 하고 싶을 때마다 수시로 교체한다. 테이블이나 소파 등이 변색되는 것을 방지할 수 있고, 또 별것 아닌 천 한 장으로 집 안 분위기가 달라진다.

거실 구석에 키가 낮은 테이블이 하나 있는데, 손님이 조금 많이 왔다싶을 때는 여기에 차 도구나 커피메이커를 놓고 손님들이 원하는 만큼 차를 마실 수 있도록 준비해두었다. 일종의 가정용 셀프서비스인 셈이다. 여기에도 가로세로 80센티미터 사이즈의 시트를 장식해놓았다.

최근 들어 남편과 나의 컴퓨터 이용 시간이 늘었다. 식사 후에는 누가 먼저랄 것도 없이 각자 서재나 거실 테이블, 식탁 등에서 워드를 치거나 글을 쓰는 일이 잦다. 일이 끝난 후에는 책상 위에 서류와 책들이 어지럽게 흩어져 있다. 일이 끝나지 않았으니 함부로 손을 대기도 뭐해서 먼지가 쌓이는 것이라도 방지할 요량으로 서류와 컴퓨터 위에도 시트를 덮을 계획이다. 이렇게 해놓으면 갑자기 손님이 찾아와도 일하는 데 방해한 것은 아닌지, 하는 부담을 주지 않게 된다.

최근 2~3년간 테이블시트 활용법이 다양해졌다. 말하자면 '누더기를 숨기는 것'이라고나 할까. 그런 의미에서 가볍게 사용할 수 있는 시트는 여러모로 편리한 것 같다.

이상이 지금의 나에게 반드시 필요한 필수품 목록이다.
이어폰이 달린 휴대용 라디오는 매일 밤 사용하면 한밤중에 배터리가 나가기도 하므로 건전지도 따로 준비해야 하고, 화장수 종류도 워낙 다양해서 내 피부에 맞는지도 조사해야 한다.

무턱대고 준비만 해둘 것이 아니라 사후 처리까지 꼼꼼하게 계획한다면 '나이가 들어서 정신이 없다'와 같은 자괴감은 맛보지 않게 될 것이다.

보기 흉하다

2~3년 전부터 음식을 먹다가 흘리는 일이 잦아졌다. 그릇에 담긴 음식을 젓가락으로 집어 입으로 옮기는 과정에서 나도 모르게 흘리는 모양이다. 간혹 입안에 들어갔겠지, 하고 방심했다가 국물을 블라우스나 티셔츠 앞가슴에서 바지까지 흘려보내기도 한다.

식사를 하고 나면 언제나 반찬이 옷에 묻어 있다. 내가 칠칠치 못한 탓이라고 생각하면서도 어쩌다가 이렇게 되었나, 하고 멍하니 생각에 잠길 때가 많다. 집에서 남편과 단둘이 식사할 때는 주방에서 쓰는 앞치마를 갓난아기처럼 목에 걸치고 밥을 먹는다.

깜빡 잊고 앞치마나 타월을 걸치지 않고 밥을 먹었을 때는 당연하다는 듯이 앞섶에 얼룩이 묻어 있다. 재빨리 행주로 닦거나, 벗어서 세탁기에 넣고 빨면 얼룩은 사라지겠지만 마음에 남은 상처는 쉽게 사라지지 않는다.

주부라면 누구나 알고 있듯이 간장 등의 얼룩은 그때그때 물로 씻는 게 가장 좋다. 그리고 얼룩이 번지지 않도록 뒤집어서 빨아야 한다. 무심코 표백제 등을 과하게 사용했다간 그 부분만 색이 빠져 옷을 버리게 된다. 요즘은 세탁물을 정리하면서 얼룩이 제대로 지워졌는지, 혹은 과하게 표백제를 사용해서 색이 바래지는 않았는지 미리 체크하는 습관이 생겼다.

일흔 살까지만 해도 이런 문제로 고민하지는 않았다. 음식 흘리는 것뿐만 아니라 '몸치장'에 대해서도 마찬가지다. 현관 거울 앞에서 마지막으로 옷차림을 살펴보다가 옷깃이 비어져 나왔거나, 속옷이 치마 밖으로 비어져 나왔거나, 블라우스 지퍼가 절반쯤 열려 있는 것을 발견하기 십상이다. 간혹 단추를 덜 잠그는 바람에 앞이 훤하게 열려 있어 기급을 한 적도 있다.

이런 일이 자주 반복되면서 집에 아무도 없을 때라면 모를까, 외출하거나, 누가 찾아왔을 때는 현관 앞 거울을 통해 반드시 옷차림을 점검하고 있다. 추한 모습을 보이고 싶지 않기 때문이다. 집을 나서기 전부터, 그리고 외출 후에도 수시로 거울을 보면서 체크하지만 그래도 부족하다.

길을 걷다가 우연히 비슷한 또래로 보이는 사람과 마주칠 때가 있다. 가끔이기는 하지만 바지에 넣어 입은 셔츠가 반쯤 흘러내렸든지, 단추를 잘못 잠근 경우가 있는데, 알려줄까 싶다가도 혹시나 상처를 받을까봐 모른 척하고 지나간다.

음식을 흘린 얼룩이라든가, 화장이라든가, 또는 몸치장에 실수가 있더라도 일일이 지적해서는 안 된다고 생각한다. 입장을 바꿔 생각해보면 다른 사람으로부터 나의 그런 실수를 지적받는다면 기가 죽어서 외출하는 횟수가 줄어들 것 같기 때문이다.

　불결한 복장으로 타인 앞에 예사로 나가는 것은 분명 잘못이다. 그렇다고 실수하는 것이 두려워 외출이나 만남을 거부한다면 그것도 큰 문제다. 옷차림과 행동이 신경 쓰인다면 나이를 잊고 좀 더 적극적으로 모양을 내면 된다. 멋을 부리는 것도 고령자에게는 일종의 노화 방지이기 때문이다.

　가령 음식을 먹다가 실수로 흘리는 일이 많다면 타인의 눈치를 볼 것 없이 미리 앞치마나 수건 등을 준비하면 된다. 음식물을 흘려서 옷을 더럽히는 것보다는 낫다. 앞치마 등을 준비하는 게 더 신경 쓰인다면 블라우스나 티셔츠를 고를 때 무늬가 있거나 얼룩 등이 눈에 잘 띄지 않는 색상을 고르는 것도 방법이 될 수 있다.

　젊은 시절에는 데이트를 앞두고 전날부터 기분이 들떠 밤늦게까지 옷을 고르곤 했다. 옷만이 아니라 옷에 어울리는 스카프, 액세서리, 가방, 구두까지 한참을 뒤적이곤 했다. 그랬던 사람들도 나이가 든 후에는 단지 늙었다는 이유로 수수한 색상, 틀에 박힌 디자인의 무난한 옷만 찾는다. 색이 조금 짙은 옷이라면 간장 몇 방울이 묻어도 티가 나지 않는다. 무늬가 조금 화려한 옷이라면 얼룩이 져도 표시가 나지 않는다. 혹은 천이 얇은 조끼나 반투명한 오건디(아주 얇고 투명한 견직물)로 만든 오버블라우스, 숄(어깨에 걸치는 목도리) 등을 미리 준비한다.

쌀쌀한 날씨에 꼭 코트나 점퍼만 입으라는 법은 없다. 조금 화려한 카디건과 모직물 숄을 준비하는 것도 지혜다. 옷차림에 실수가 있더라도 카디건이나 숄로 대충 감출 수 있다.

몸치장이 허술하다고 해서 사람들에게 폐가 되지는 않는다. 나이가 들어 어쩔 수 없다고 포기하기보다는 조금이라도 노력해서 마이너스를 플러스로 바꾸는 게 중요하다. 나이가 들었기 때문에 젊었을 때보다 옷차림에 더 신경 써야 하는 것이다.

거울을 보자

최근 젊은 여성들이 전철 안에서 남의 이목에 아랑곳하지 않고 화장을 해서 문제가 되고 있다. 그런 뉴스를 볼 때마다 나이를 먹은 사람도 젊은이들이 애용하는 10센티미터 크기의 거울을 소지하고 외출하는 게 좋겠다는 생각이 든다. 나만 해도 찻집 화장실에서 거울을 보다가 어느새 헝클어진 내 모습에 '아니, 이런!' 하고 놀랄 때가 한두 번이 아니다.

산책 도중에 차를 마시거나 잠깐 휴식할 기회가 있을 때 화장까지는 아니더라도 손거울을 보며 매무새를 다듬는 게 좋다. 거울에 비치는 표정이 어둡다면 좌우 입 언저리만이라도 살짝 올려본다. 무리하게 웃을 필요는 없겠지만 남들 눈에 인상이 어두워 보여야 할 이유도 없다. 이렇게 한 번씩 거울을 보면서 표정과 옷차림을 확인하고, 만약 거울이 없다면 내가 지금 어떤 표정을 짓고 있을까, 생각해보는 것만으로도 분위기는 한층 더 밝아진다.

아침에 눈을 뜨면 제일 먼저 향하는 곳이 주방이다. 주방에 들어서기 전 거울을 보며 헝클어진 머리카락을 매만진다. 갈아입은 옷의 단추가 제대로 잠겼는지도 확인하고, 허리께에 옷이 비어져 나오지 않았는지 살펴본다.

　아침을 먹고 이를 닦는 습관이 있어서 두 번째 거울보기는 화장실에서 이루어진다. 그리고 주방을 정리하고, 화단을 둘러보고, 자질구레한 집안일을 마친 후 화장하고 외출복으로 갈아입는다. 이때 세 번째로 거울을 본다.

　외출 준비가 끝나고 현관 앞에 섰을 때 코트와 모자를 제대로 썼는지 다시 한 번 거울을 본다. 약속 시간이 빠듯하면 화장이 제대로 됐는지 슬쩍 비춰보고는 부리나케 밖으로 나간다.

　역에 도착해서는 거울이나 유리창을 지날 때마다 눈치껏 상반신을 비춰본다. 그새 머플러가 풀려 있는 등 다듬어야 될 곳이 한두 군데가 아니다.

　젊었을 때부터 약속 시간만큼은 절대로 어기지 않으려고 하는데, 사실 약속 장소에 도착하기 직전에 화장실에 들러 거울을 한 번 보고 나오는 것은 말처럼 쉽지가 않다. 젊었을 때는 그다지 신경 쓰지 않았지만 나이가 든 후로는 집에서 조금 더 일찍 나오는 한이 있더라도 화장실에 들러 내 모습을 체크하고 약속 장소에 나간다. 상대방에게 흐트러진 모습을 보여주고 싶지 않기 때문이다.

　이런 수고가 번거롭다고 생각된다면 가방 등에 약간 큰 거울을 가지고 다니는 것도 방법이다. 조금 한갓진 곳에서 거울을 꺼내 옷매무새와 머리, 화장 등을 체크하는 것이다.

집에 돌아갈 때도 무작정 서두르지 말고 화장실에 들러 생리현상도 해결하고, 거울도 보고 나오는 습관을 기른다. 나는 예전부터 화장실에 가는 횟수가 적은 편인데, 나이가 들면 생리현상의 간격이 짧아지므로 이런 기회를 이용해서 수시로 자기 모습을 체크하는 습관을 갖도록 한다. 나이 든 사람이 입 언저리에 소스가 묻어 있거나, 앞섶에 음식을 흘린 자국이 남아 있는 채 거리를 돌아다니는 것만큼 창피하고 비참한 일도 없다.

외출할 때는 반드시 조그마한 콤팩트를 가방에 챙긴다. 그리고 화장실에 들를 때마다 콧등과 입 주변을 살짝 정리한다. 립스틱을 사용하는 것도 나쁘지 않지만 나는 입술 윤곽을 보듬는 펜슬형 립스틱을 사용한다. 여간해서는 번들거리지 않기 때문에 쉽게 티가 나지 않는다. 일흔이 넘은 나이에 지나치게 붉은 입술은 부담스럽다.

젊어서부터 화장이 서툰 편이었지만 '나이를 먹었으니 이젠 괜찮다'라는 생각은 하지 않는다. 화장에 대한 관심은 나이가 들수록 더 강해지는 것 같다. 그만큼 나에 대한 다정함이 커졌다는 증거다.

머리 염색을 그만두었을 때

3년 전 일이다. 미용실에서 커트까지는 그럭저럭 버티겠는데, 파마와 염색은 부담스러웠다. 미용실 의자에 두 시간 넘게 앉아 있기란 허리가 좋지 못한 나에게는 상당한 노동이었다.

그 무렵 단골 미용사로부터, "선생님, 제가 이런 말을 하는 게 좀 이상하지만 파마나 염색 중 한 가지만 하시는 게 어떨까요? 둘 다 하시면 저야 좋지만요."라는 말을 듣고 결심을 굳혔다.

문득 할머니의 머리 염색이 기억났다. 내가 초등학교 3학년 때 아버지가 1년간 해외 출장을 떠나셔서 어머니와 나는 규슈의 친할머니 댁으로 이사했다. 할머니는 서른 살부터 염색을 하셨다고 한다. 원래 멋쟁이기도 하셨지만 검은 머리카락 속에 하나라도 흰머리가 섞여 있는 게 보이면 나이 든 것 같아 견딜 수가 없었기 때문이라고 한다.

한 달에 한 번꼴이었다. 지금까지 본 적이 없는 '머리카락 염색' 작업에 열 살짜리 꼬마였던 나는 무척이나 흥미를 느꼈다. 그래서 염색이 끝날 때까지 곁에서 구경하곤 했다. 벌써 60년 전 일이다. 지금처럼 염색이 보편화되지 않았던 시절이다. 염색약도 쉽게 구할 수 없었고, 미용실에서 염색한다는 것은 상상도 못할 일이었다.

염색약이 튀어 바닥이나 벽에 붙으면 지워지지 않았다. 따라서 염색하기 전의 준비가 복잡했다. 염색한 후의 머리감기도 어린 내 눈에는 소란 그 자체였다. 집에 수도가 있었지만 보일러가 없었기 때문에 온수를 쓰려면 직접 물을 끓여야 했다. 할머니는 머리에서 염색약이 떨어지지 않도록 조심하면서 커다란 주전자에 물을 받아 일일이 끓이셨다.

할머니는 칠십대 후반 무렵 도쿄에서 우리 가족과 함께 사셨는데 하루는 어머니로부터 "염색은 이제 그만하시는 게 좋겠어요."라는 말을 듣고 염색을 중단하셨다. 몇 달 후 미용실을 다녀온 할머니의 머리카락은 하얗게 빛나고 있었다. 검게 염색했을 때보다 훨씬 아름다웠다. 그때의 기억이 지금도 내 머릿속에 남아 있다.

단골 미용사에 따르면 나는 머리 숱이 많은 편이라고 한다. 그래서 3~4개월에 한 번씩은 간단한 파마를 해야 한다는 것이었다. 커트는 한 달에 한 번, 파마는 석 달에 한 번 하기로 하고, 염색은 그만두기로 했다.

다행히 나이에 비해 흑발이 많은 편이라 할머니처럼 금세 백발이 되지는 않을 것이다. 흰머리도 오십대 후반부터 하나둘씩 눈에 띄었다. 시간이 조금 지나면 흑발과 백발이 자연스레 섞인 회백발의 할머니 머리가 될 것이다. 염색은 머리카락에도, 두피에도 그리 좋지는 않다. 한번 염색을 시작하면 적어도 두 달에 한 번은 해야 한다. 그렇지 않으면 새로 자란 머리카락이 눈에 띄게 희어서 "나는 염색을 하고 있습니다" 하고 선전하는 것과 같다. 멋을 생각해서 시작한 염색인데 이쯤 되면 멋과 상관없이 반강제가 된다.

이웃에 나보다 20세쯤 연상인 할머니가 살고 계신데, 염색을 하지 않았을 때는 완전히 백발이었다. 손자로 보이는 꼬마를 자전거 뒤에 태우고 골목길을 지나는 모습을 볼 때마다 백발과 상관없이 '건강한 할머니'라는 인상을 강하게 받았다. 나도 저분처럼 건강했으면 좋겠다고 속으로 동경하곤 했다.

그러던 어느 날 그녀가 머리카락을 검게 염색하고 나타났다. 평소에도 기운이 넘쳐 보이는 사람이었는데 머리카락까지 염색하고 나니 20년은 젊어 보였다. 나보다도 젊어 보였다. 그 후로 나는 염색을 시작했다. 처음에는 새치가 많은 곳에 약간 짙은 갈색으로 염색했다. 마트에서 염색약을 사다가 주방에 헌 신문을 펼치고, 염색약이 묻어도 상관없는 헌옷을 입고, 내 손으로 직접 했다. 걱정했던 것보다 방법은 간단했다. 그 뒤로는 두 달에 한 번씩 염색을 했다.

환갑이 넘으면서 집에서 염색하는 게 귀찮아져서 미용실을 찾아갔다. 하지만 의자에 앉아 있는 시간이 부담스러워진 지금, 칠십이 넘어서야 염색을 포기하게 되었다. 다행히도 나는 머리숱이 많다. 새치도 적은 편이다.

　언젠가는 나의 할머니가 어머니의 말을 듣고 염색을 포기했을 때처럼 '백발이 아름다운 할머니'로 손녀들 앞에 서고 싶다.

6. 체중 관리와 식생활에 대하여

체중을 안정시킨다

4년 전 가을, NHK의 '시험해보세요'라는 프로그램에서 다이어트를 테마로 다루었다. 다이어트라면 중년 이후 몇 번인가 도전했다가 실패한 기억이 있다. 쓰디쓴 경험이었기 때문에 새로운 운동이라든가, 편향된 식생활, 특히 약 등을 복용해야 하는 것이라면 이 나이가 되어서까지 다이어트에 도전할 생각은 없었다.

NHK의 '시험해보세요' 시리즈는 매우 다양한 테마를 다뤄왔는데 어떤 내용이든 이론적인 뒷받침이 완벽해서 시청자가 납득할 수 있었다. 그래서 계속 방송을 지켜보았다. 내용을 요약하자면 최소 눈금이 50그램인 디지털체중계를 구입하고 아침저녁으로 일정한 시간에 체중을 측정하고 기록하는 것이 중요하다고 한다.

디지털저울 구입에 남편은 별로 찬성하지 않았지만 방송 이튿날 저울을 파는 가게에 전화를 걸었더니 벌써 2개월 치가 선주문되었다고 했다. 우여곡절 끝에 저울이 도착했다. 반응이 심드렁했던 남편도 매일 아침 체중을 재고 기록하기 시작했다. 나 또한 아침에 화장실을 다녀온 후 파자마를 입은 채 체중을 재고 매일 아침 기록하는 일상을 4년간 계속하고 있다.

4개월 만에 2킬로그램이 감량된 후로는 62킬로그램과 61킬로그램 사이를 오락가락한다. 여간해서는 61킬로그램 밑으로 줄어들지 않았다. 62킬로그램 근처까지 체중을 줄이는 데 2년이나 걸렸던 내가, 급격한 체중 변화 없이 62킬로그램에서 61킬로그램 사이에서 체중이 안정된 것은 저울의 도움이 컸다고 생각한다. 그리고 어느 사이엔가 체중은 60킬로그램대가 되었다. 무리하지 않고 일상생활에 초점을 맞춘 공략법이 통했는지 체중은 61킬로그램 밑으로 떨어져 점차 안정화되었다. 그 체중이 오늘에 이르고 있다.

　고령자의 다이어트는 젊은이들이 열광하는 극단적인 식사 제한과는 거리가 멀다. 규칙적으로 식사 시간을 정하고, 다양한 종류를 섭취하되 양을 조금씩 줄이는 것이 포인트다. 나의 경우 모든 음식에 대해서 남편과 반분하는 것을 기본으로 하고 있다.

　남편은 육류를 좋아한다. 내가 좋아하고, 또 몸에 좋은 생선요리, 특히 생선조림 등은 여간해서는 젓가락도 대지 않는다. 다행히 생선구이는 먹는다. 그래서 생선 한 토막을 반찬에 포함시키고, 대신 평소 먹던 고기의 양을 절반으로 줄였다. 밥도 편의점에서 파는 도시락을 1인분 기준으로 남편이 3, 내가 2의 비율로 나눠 먹는다.

　식후 과일도 사과는 4분의 1개, 찐빵 같은 단 음식은 되도록 작은 것을 사서 냉동했다가 점심식사 후와 저녁식사 후에 반씩 나눠 먹는다. 부족할 때는 조그마한 초콜릿 두 개를 더 먹기도 한다.

  매일 저울에 올라가 체중을 재면 200~300그램 정도의 증가와 감소도 놓치지 않고 체크할 수 있다. 평소와 다름없이 먹고 마셔도 밤중에 화장실을 한 번도 가지 않은 날에는 200~300그램이 늘어난다. 그러므로 체중의 작은 변화에 일희일비하지 않고 매일 측정하는 것이 중요하다.

  온수풀에 다녀온 이튿날 아침은, 전날 저녁식사를 조금 많이 먹고 물도 평소보다 많이 마셨더라도 아침에 체중을 재면 전날보다 줄어든 경우가 많다.

  남편은 온수풀에 가는 대신 만보기를 달고 있다. 어떻게든 만보를 채우려고 열심이다. 보통 7000~8000보를 걸었을 때 체중이 줄어든다고 하는데, 자동차로 나를 마중하러 오는 날에는 그만큼 걷는 횟수가 줄기 때문에 만보기 눈금은 고작 4000번 정도이며, 이튿날에는 체중이 증가한다고 한다.

  남편과 나는 외식에서 메뉴를 크게 따지지 않는다. 그때그때 먹고 싶은 메뉴를 고른다. 지금 나의 식생활과 운동을 점검해보면 무리하지 않는 게 최우선이다. 온수풀은 사나흘에 한 번씩 늘르고, 한 시간 동안 수중운동을 한다. 필요한 영양소도 충분히 섭취하고 있다. 앞으로 1킬로그램쯤 감량하고 싶지만 현재와 같은 식사와 운동 일과를 계속하는 것이 더 중요하다고 생각한다. '계속'

하기 위해서는 매일 아침 체중을 측정하는 일과가 매우 중요하다.

이렇게 주기적으로 체중을 측정하면서 깨닫게 된 것이 있다. 저녁식사 후 단 음식은 먹지 않는 것이 좋다는 점이다. 식생활에 대한 고민이 늘어나면서 야채뿐 아니라 별로 좋아하지는 않지만 몸에 좋다고 알려진 고구마, 호박 같은 덩어리 야채를 소량이라도 매일 섭취하는 게 건강에 좋다는 것을 알게 되었다.

체중 유지에서 중요한 포인트는 수분 섭취다. 물은 생각날 때마다 마신다. 물 한 컵에 체중 200그램이 증가하는데, 수분 섭취는 배설 활동에 도움을 주므로 결과적으로 체중 감량에 많은 공헌을 한다. 규칙적인 식생활과 운동 때문인지 배설, 특히 대변은 예외 없이 같은 시간, 즉 기상 직후 깨끗하게 마무리한다. 꾸준히 유지되는 이런 몸 상태가 나의 건강을 체크하는 바로미터가 된다.

나는 지금 76세다. 어떤 계기로 체력이 저하될지 예측할 수 없다. 매일 아침 측정하는 체중이 늘어나거나 줄어들지 않고 일정선을 유지할 것, 다양한 음식을 섭취할 것, 걷기와 더불어 일주일에 두 번 온수풀에서 운동할 것, 일찍 자고 늦게 일어날 것, 가능하면 오후에 30분에서 1시간 정도 누워 있을 것, 이런 사소한 노력들이 단 하루도 거르지 않고 계속되도록 노력할 뿐이다.

고령자가 사용하는 주방

젊은 시절에는 동선이 편하고, 싱크대 높이가 나에게 맞는 등 일하기 편한 것이 주방 선택의 첫 번째 포인트였다. 실내장식에서도 무조건 최신 디자인을 선호했다.

우리 가족은 현재 살고 있는 집에서 32년째 생활하고 있다. 부엌은 I자형이다. 옆으로 이동하는 동선이어서 혼자 일하기는 무척 편하다. 단독 주택치고는 좁은 편이어서 지금의 나로서는 움직임에 큰 부담이 없다. 고령자에게 적합한 구조라고 본다.

싱크대 앞에서 요리하다가 고개를 돌리면 식탁이 바로 보여서 음식을 옮기기가 쉽다. 가까이에 냉장고가 있는데 공간이 좁아 중형 냉장고를 놓아두었다. 젊어서는 불편하다고 생각했지만, 남편과 단둘이 사는 지금은 이 정도 크기가 딱 맞는 것 같다. 고령부부의 생활에서 냉장고가 필요 이상으로 클 필요는 없다. 냉장고가 크면 음식물 관리에 게을러지기 쉽다. 자기도 모르게 식품을 더 구입하고, 언제 구입했는지도 잊어버린다.

요즘은 내가 직접 식사를 준비하는 횟수가 줄어들어서 기껏해야 간단한 반찬 한두 가지를 만든다. 그리고 냉장고 정리도 수시로 하는데, '정리'라고는 해도 시간이 남아돌 때 버리고 치우는 게 고작이다. 버리는 것을 망설여서는 안 된다. 버리는 게 아깝다면 처음 구입할 때부터 약간 적은 듯이 사면 된다. 야채나 과일도 한 개씩 낱개로 구입하거나 통조림을 구입한다. 가격 대비 손해라는 느낌이 들지만 건강보다 중요한 것은 없기 때문이다.

65세를 지나면서 앞으로 사용할 일이 없을 것 같은 냄비와 조리기구 등을 과감히 정리했다. 친구와 이웃들을 불러 나눠주는 식으로 개수를 줄여나갔다. 대신 손잡이가 달린 작은 냄비를 몇 개 구입했다. 싱크대 수도꼭지 위에 2단으로 선반이 있는데, 그곳에 빨간 냄비 두 개와 이보다 약간 큰(1리터쯤 들어가는) 알루미늄 냄비 한 개가 가장 자주 사용하는 주방도구다.

스테인리스스틸 냄비는 하나밖에 남지 않았다. 용량은 물을 가득 부었을 때 400cc이고, 남편과 마실 찻물을 끓이거나, 인스턴트 수프를 끓일 때 사용한다. 무게는 150그램. 열용량이 작아서 물 두 컵을 붓고 레인지에 올려놓으면 1~2분 만에 물이 끓는다. 이 냄비는 벌써 10년 전에 구입했는데, 차를 마실 때 주전자를 사용해도 되지만 왠지 냄비가 더 편할 것 같아서 덜컥 사버렸다.

집에서 쓰는 주전자는 휘파람 소리로 물이 끓었음을 알리는 평범한 제품인데 내부를 세척하기가 까다롭다는 단점이 있다. 또 열용량이 커서 물이 끓는 데 시간이 걸린다. 반면에 스테인리스스틸 냄비는 물이 금방 끓는다.

　손님에게 차를 대접할 때는 주전자를 사용한다. 물의 양도 조절할 수 있고, 끓으면 휘파람 소리로 신호를 보내기 때문이다. 전기포트는 우선 무거워서 내 몸에 맞지 않고, 엉뚱하게 전력이 낭비될 소지가 있으며, 전기제품 특성상 불결하다는 편견이 있어서 사용하지 않는다.

　주방에서 가장 신경 쓰는 부분은 첫째가 불조심, 둘째가 청결이다. 가스 밸브는 주방일이 끝난 후 반드시 확인한다. 설거지와 청소만 하고 가스에 손을 대지 않았을 때도 다시 한 번 확인하고, 식사 준비를 하지 않을 때는 절대로 냄비 등을 레인지에 올려놓지 않는다. 외출할 때는 레인지 점화구를 손바닥으로 만져본 후 집을 나선다.

　청결과 관련해서는 식사가 끝날 때마다 반드시 설거지를 하고 식기를 선반에 올려놓는다. 싱크대 옆에 놓인 음식물 쓰레기통은 조그마한 플라스틱 제품인데, 가게에서 물건을 사고 받은 비닐봉투로 덮어둔다. 식사가 끝날 때마다 음식물 쓰레기는 모조리 이 쓰레기통에 담는다. 음식물 외에는 들어가지 않도록 각별히 주의한다. 쓰레기통이 조금만 찼을 때는 비닐봉투를 단단히 묶어두고 쓰레기통 뚜껑을 덮는다. 벌레 등을 예방하기 위해서다.

　쓰레기는 저녁에 잠들기 직전에 비우고, 아침에도 쓰레기가 많이 나왔을 때는 반드시 비운다. 싱크대 주변은 물론이고 설거지를 하면서 사용한 스펀지와 수세미의 물기는 확실히 짜낸다. 저녁식사와 정리가 끝난 후에는 싱크대의 물기와 선반 등의 물기도 모두 닦아낸다.

편의점에서 구입한 부식 용기에 남아 있는 내용물도 음식물 쓰레기통에 버린 후 처리한다. 용기에 국물 등이 묻어 있다면 신문지 같은 종이로 닦은 후 분리 배출한다.

주방에 벌레가 꼬일 수 있는 여지를 최소화하는 것이 중요하다. 사소해 보여도 고령자의 생활에 큰 영향을 끼칠 수 있다. 고령자에게 식중독이란 생명과 직결된 문제이므로 아주 작은 빈틈도 허용해서는 안 된다.

이렇게 하면서 젊은 시절보다 청결에 더 신경 쓰고 있는데, 약간 지나치다고 할 수 있을 정도지만 여름철에도 바퀴벌레 등이 나오지 않았다.

그 외에도 고령자의 몸 상태에 맞는 싱크대의 높이, 이를테면 싱크대 밑으로 구부린 무릎이 들어갈 수 있도록 설계해준다면 편리할 텐데, 현실적으로는 매우 어렵다. 그보다는 서 있는 자세에서 허리 부담을 줄일 수 있는 방법을 연구해야 한다. 나는 한쪽 발을 10센티미터쯤 들어 올릴 수 있도록 싱크대 앞에 벽돌 하나를 놓아뒀다. 싱크대 앞에서 몸을 숙이고 설거지 등을 할 때 벽돌에 한쪽 발을 올리고 서 있으면 체중이 분산되어 허리에 부담이 덜 간다.

   귀찮아도 요리와 설거지 등을 직접 하는 것이 좋다. 이런 움직임도 일종의 리허빌리테이션이기 때문이다. 아직까지 내 몸을 움직여 나를 돌볼 수 있다는 것을 작은 즐거움으로 여기도록 한다. 형편에 맞춰 지혜를 짜내고 보다 편리한 주방을 만들어보기 바란다.

중년부터의 식생활

나는 지금 남편과 단둘이 살고 있다. 작년에 금혼식을 맞았는데 남편은 혈압이 약간 높고, 나는 허리가 좋지 못하다. 그 밖에 입원할 정도의 내장 계통 질병은 없어서 무척이나 감사하고 있다. 나는 온수풀에서 리허빌리테이션 외에는 특별한 운동을 하지 않는다. 민간요법에 의지하지도 않고, 보약 등을 먹어본 적도 없다.

식사는 남편과 단둘이 먹을 것만 준비하면 된다. 그러나 지금의 내 허리로는 싱크대 앞에서 음식을 만드는 일조차 쉽지 않다. 사정이 이렇다보니 외식과 편의점 이용이 점점 많아지고 있다. 그래서 조심해야 될 것이 한두 가지가 아닌데 특히 영양 균형과 염분 섭취에 많은 신경을 쓰고 있다.

아침에는 그나마 허리 상태가 약간 좋다. 아침식사는 주로 내가 준비한다. 달걀은 하루 걸러 먹는데, 프라이 등을 하려면 레인지 앞에 서 있어야 하기 때문에 무조건 삶는다. 야채는 된장국에 푸성귀와 브로콜리를 넣고 끓인다. 감자와 호박 등이 포함된 정식은 일주일에 두 번 오는 가정부가 담당하고 있다.

낮에는 집을 나와 산책을 하다가 점심시간이 되면 식당에서 생선구이를 주로 먹는다. 근처에 식당이 없을 때는 편의점에서 생선구이 도시락을 산다. 편의점 도시락은 양이 너무 많아서 남편과 반씩 나눠 먹는다. 아예 편의점 도시락을 들고 산책할 때도 있는데, 그런 날에는 미리 수프(토마토와 우유를 넣고 끓인)를 준비해 둔다. 저녁식사는 우동과 메밀국수로 해결한다. 시장에서 사 온 반찬 등과 함께 먹는데, 남편이 좋아하는 야채절임도 자주 오른다. 야채절임은 집에서 직접 만든다. 일주일에 두 번 오는 가정부에겐 항상 생선구이를 부탁한다.

요즘 들어 편의점 이용이 잦아졌다. 편의점에 부탁하면 저녁반찬도 배달해주는데 일주일에 두서너 번 정도 이용한다. 편의점에 등록하면 1개월분의 반찬카탈로그가 집에 배달된다. 그 카탈로그를 보고 반찬을 주문하면 되는데 보통 두서너 종류로, 1인분에 680엔이다.

우리 부부는 1인분을 주문하여 둘이 나눠 먹는다. 남편은 입이 까다로워서 먹지 않는 반찬이 꽤 많다. 그래서 카탈로그대로 주문하기보다는 그날 먹고 싶은 음식을 단품으로 주문하거나 카탈로그에 없는 반찬을 추가로 주문한다. 편의점 배달 음식은 노인급식이 아님에도 비교적 기름기가 적고 맛도 담백하다.

구청의 고령자용 배식 서비스도 몇 번 주문해봤는데, 입맛에 맞지 않았다. 편의점 상품은 맛도 괜찮고, 그날그날 반찬이 달라서 마음에 든다. 영양 보충이 필요하다고 생각되는 날에는 생강소스를 바른 돼지고기와 고등어구이를 주문하고, 집에서 끓인 야채된장국을 곁들인다. 이 정도 메뉴면 영양학적으로 부족함이 없다.

'체중을 안정시킨다'에서 썼듯이 남편과 나의 체중은 최근 2년간 거의 변함이 없다. 남편은 어쩌다 감기에 걸리는 게 고작일 정도로 몸이 튼튼하다. 우리 부부가 나름대로 건강한 생활을 유지하는 데에는 이런 식생활 환경이 큰 역할을 했다고 본다.

노부부가 단독으로 생활할 경우 식생활은 매우 큰 부담인데 손수 만든 식사를 고집하기보다는 주변의 도움을 받아 영양의 균형을 맞추는 것이 중요하다. 급식 서비스를 이용하거나, 시장의 부식물 코너, 혹은 편의점 등을 적극 이용하자. 요즘은 밥도 파는 시대이고 식당도 다양하다. 조금만 생각을 바꾸면 몸이 편해진다.

치아를 소중히

사람의 몸에서 치아는 매우 중요한 기관이다. 이에 대해서는 누구나 공감하지만 적극적으로 관리하는 사람은 많지 않다. 특히 젊은 세대는 치아의 소중함을 잊기 쉽다.

나도 그런 부류 중 하나였다. 적당히 손질해온 탓에 앞니 하나가 부실해졌다. 치료를 받느라 꽤 오랫동안 고생했는데, 어금니까지 문제가 생겨서 봉을 여섯 개나 박는 치료를 받았다. 의치는 없다. 지금의 내 나이에 내 이로 음식을 씹는다는 것은 엄청난 축복이다. 식사 때마다 항상 감사하고 있다.

열심히 관리하지도 않았는데 치아가 남아 있는 이유는 무엇일까. 나는 40세부터 반년에 한 번씩 치과에 들렀다. 30년 전에는 해외에서 살면서 치실(dental floss) 사용법을 익혔다. 캐나다 사람들은 치실을 이용해 잇새의 찌꺼기를 긁어내곤 했는데, 효과가 상당했다. 치실을 사용하면 치아와 치아 사이의 치석 제거와 더불어 잇몸 마사지까지 할 수 있다.

처음 사용하면 피가 나오기도 하는데, 식후 매번 사용하여 익숙해지면 잇몸이 튼튼해지기 때문인지 조금 강하게 비벼도 출혈은 없다. 잇새솔 사용도 권한다. 나는 20년 전부터 식후에 칫솔로 이를 닦고, 잇새솔로 이와 이 사이의 잔존물을 제거하고, 마지막으로 치실을 사용하고 있다. 이런 노력 덕분인지 치조농루로 인한 통증이 가시고, 잇몸에서 피가 나지도 않으며, 76세가 되어서도 내 이로 음식을 씹을 수 있게 되었다.

이처럼 노력을 기울이게 된 데에는 집 근처에 개업한 치과의사를 만났기 때문이다. 이웃에 살던 남편의 학창시절 친구를 통해 치과를 소개받았는데 그곳에서 많은 도움을 받았다.

이 병원의 원장은 매우 독특했다. 소개를 받고 찾아와도 여간해서는 초진을 해주지 않는다. 금년 봄에 남편이 치석 제거를 위해 오랜만에 병원을 찾았는데, "작년 1년 동안에 새로 오신 환자는 세 명밖에 없었어요." 하고 자랑을 했다는 것이다. 더구나 진료비가 믿을 수 없을 만큼 싸다. 사례를 하고 싶어 선물을 들고 가도 한사코 사양한다.

그리고 최초 진료에서는 최소 30분간 설교가 이어진다. 주로, "식사는 단단한 것, 우엉 같은 뿌리채소와 푸성귀를 많이 드세요. 저녁식사 후 이를 닦았다면 주무실 때까지 아무것도 드시지 마세요. 특히 아이들에게는 단것을 먹이지 마세요. 부모가 아이를 잘못 기르면 의사가 뒤치다꺼리를 해야 하니까요. 그런 일은 이제 사양하고 싶어요."라는 내용이었다.

선생의 말씀은 구구절절 옳은 이야기였다. 우리 부부는 20여 년간 이분의 도움을 받았다. 우리 부부가 나름대로 건강한 치아를 유지할 수 있었던 것은 전적으로 이분의 공이었다고 생각한다.

며칠 전 아침에 왼쪽 윗니로 뭔가를 씹는데 안쪽이 아팠다. 이틀쯤 지나자 왼쪽 윗어금니 잇몸이 잔뜩 부었다. 황급히 치과로 달려갔다. 이와 잇몸 경계에 치석이 쌓였다는 설명과 함께 치석 제거가 시작되었다. 그리고 항생물질인 '클라리스 정'을 닷새 동안 먹으라는 처방을 받았다.

5일 후 찾아갔더니 염증도 거의 가라앉았고, 왼쪽으로 씹어도 통증이 없었다. 치과선생님은 마지막으로 잇몸과 이 사이에 골고루 소독액을 뿌려주었다. 진료가 끝나고 선생님이 말씀하셨다.

"미나미 선생님, 예전처럼 닦기만 해서는 안 돼요. 나이가 들면 체력이 약해지기 때문에 전보다 더 정성껏 닦으셔야 해요. 치주병균은 수가 금방 늘어납니다. 식사가 끝나면 미루지 말고 바로 이를 닦으세요. 청결이 무엇보다 중요합니다. 칫솔질도 이만 닦는 게 아니라 입속 전체를 마사지한다는 느낌으로 닦으셔야 해요. 특히 자기 전에는 아침이나 낮보다 10배 이상 정성껏 닦으세요. 당분 등이 남아서는 안 되니까요. 그리고 하루에 몇 번씩 뜨거운 물로 입을 헹구세요."

그 뒤로는 아침, 점심, 저녁은 물론이고, 외출할 때도 칫솔과 치실, 잇새솔을 들고 나간다. 특히 저녁식사 후에는 잠들 때까지 아무것도 먹지 않으려고 노력한다. 양치질의 번거로움을 생각하면 먹고 싶은 생각이 들었다가도 금방 귀찮아진다.

좀 더 젊었다면 싫증이 나서 제멋대로 생활했겠지만 허리통증이 생긴 이후로 겁이 많아졌다. 언제까지나 그 치과병원에 계속 다닐 수 있는 것도 아니어서 각별히 주의하고 있다.

시간으로 따져보면 하루 20분 정도다. 20분만 노력하면 건강한 치아를 유지할 수 있다. 죽을 때까지 내 이로 음식을 먹고 싶은 나는 오늘도 칫솔과 잇새솔, 치실을 사용한다.

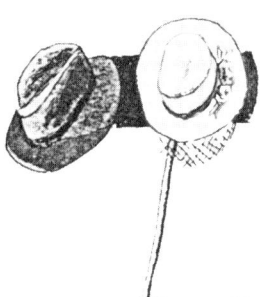

7. 나의 리허빌리테이션 일기

단조로운 생활을 견딘다

 2년 전 여름에 두 번째 요통을 겪었는데. 간신히 걸을 수 있게 되어 구사쓰를 방문했다. 구사쓰에서 50일간 머물면서 맑은 공기와 신록, 그리고 적당한 기후에서 휴식을 즐겼다. 도쿄의 친구들과 떨어져서 지내는 게 섭섭했지만 지금은 내 몸이 우선이라고 생각하며 아쉬움을 달랬다. 그래도 주변에 대화를 나눌 상대가 없다는 것은 불편하고 쓸쓸했다.

 구사쓰에 도착해서 열흘이 지났을 때다. 전날 저녁에 날이 선선해서 에어컨을 켜지 않고 열 시쯤 잠이 들어 아침 일곱 시에 자명종 소리를 듣고 일어났다. 혹시나 오늘 허리가 아프지는 않을까, 걸을 수 있을까, 하고 걱정하면서 조심스레 스트레칭을 하고 늘 하던 대로 15분간 산책을 즐겼다.

 당연히 지팡이를 들고 나갔다. 숙소 앞길을 가로질러 자동차가 없는 텅 빈 주차장을 걸었다. 평소에는 온천센터 근처의 벤치에서 잠시 쉬었다 갔는데, 그날은 오른쪽으로 돌아 평소의 배가 되는 거리에 도전했다. 무사히 아침식사 전에 돌아왔다. 열흘간의 운동으로 '걷기'가 조금 편해졌구나, 라는 생각이 들었다.

아침을 먹고 남편과 함께 산에 오르기로 했는데 식사 전처럼 걸음이 편하지 않았다. 혹시나, 하는 생각에 지팡이를 들고 나갔는데 예상대로 지팡이의 도움이 절실했다. 등산로에 가려면 완만한 언덕길을 지나야 한다. 한 걸음, 한 걸음 지팡이를 의지하며 걸어갔다. 쉬었다 가야겠다는 생각은 들지 않았지만 솔직히 조금 힘에 부쳤다.

오늘은 꼭 등산로의 첫 번째 벤치를 지나서 다음 벤치가 있는 곳까지 가볼 작정이었는데 첫 번째 벤치가 보이는 순간 오늘도 안 되겠다며 포기했다. '조바심은 금물이지' 하고 나를 타일렀다. 벤치에 앉아 쉬는 동안 남편에겐 먼저 가라고 했다. 체조를 할 기운도 없었다.

벤치에 앉아 휘파람새의 울음소리를 듣고 있으니 목을 움직이고 싶어졌다. 몸이 원하는 것이라고 생각하며 체조의 목운동을 가볍게 했더니 몸이 조금 가벼워진 느낌이 들었다. 그래서 남편이 걸어간 방향으로 다시 걷기 시작했다. 500미터쯤 완만하게 비탈진 길을 내려갔다가 다시 벤치로 돌아왔다. 벤치에서 잠시 숨을 고르고 언덕을 내려갔다가 다시 돌아왔다. 어쨌든 어제보다는 400미터나 더 걸었다.

체조 방법을 복사한 A4 용지를 꺼내 따라 하려는데 남편이 돌아왔다. 돌이켜보면 이곳에 도착한 지도 열흘이 지났다. 처음 일주일은 게걸음에 가까웠다. 아무리 천천히 걸어도 힘들고 괴로웠다. 내 몸이 좋아질 것이라는 확신이 없었다. '이래서는 구사쓰에서 한 해 여름을 보내더라도 달라지는 게 없겠어…'라는 암담한 생각만 하고 있었다.

열흘째에 평소보다 등산로를 조금 더 걸었다. 나뭇잎 사이로 다음 벤치가 보였지만 선뜻 걸음을 옮길 수가 없어서 결국 40분간의 산책으로 마무리했다. 숙소로 돌아오는 대신 온천센터로 향했다. 바람이 잘 통하는 테이블에 앉아 커피를 마시기 위해서였다. 이것도 구사쓰에서의 일과 중 하나였다.

산책길에서 숙소 바로 앞에 있는 온천센터까지 언덕길이 이어진다. 거리는 600미터. 지팡이에 의지해 천천히 걷는 나로서는 보통 노력이 아니다. 테이블에 무사히 도착하면 커피를 주문한다. 의자에 등을 기대면 묵직했던 허리의 감촉이 사라진다. 확실히 걷기는 혈액순환에 좋은 운동인 것 같다.

커피를 마시며 한 시간쯤 원고를 쓰고 있으면 또 허리가 묵직해진다. 앞으로 남은 40일. 구사쓰에서 내 몸이 얼마나 회복될지 걱정도 되고, 기대도 되었다. 구사쓰에서 건강을 되찾아 도쿄로 돌아가고 싶었는데 몸 상태는 생각처럼 좋아지지 않았다.

남편도 신경이 쓰였다. 며칠이라면 휴가를 즐기는 기분으로 머물겠지만 몇 주일씩 지낸다는 것은 남편 생활을 빼앗는 것이나

다름없었다. 자신이 하고 싶은 일을 나 때문에 미뤄야 하기 때문이다. 분명히 지루할 텐데 아무런 불평도 없이 내 곁에서 묵묵히 보조를 맞춰주었다. 그런 남편을 생각해서라도 어떻게든 허리통증에서 벗어나고 싶었다. 더 이상 남편에게 부담을 주고 싶지 않았다.

그런데 열흘이 지나도 내 몸은 나아질 기미가 보이지 않았다. 등산로에서 숙소까지의 정해진 코스도 익숙해지지 않았다. 요통은 여전했고, 조바심도 점점 커졌다. 다행히도 자동차를 타고 3분만 달리면 온수풀에 갈 수 있었다. 남편과 구사쓰에 머무는 동안 이틀에 한 번씩 온수풀에 들러 리허빌리테이션을 반복했다. 그렇게 한 해 여름의 가장 무더운 시기를 구사쓰에서 지냈다.

9월에 도쿄로 돌아왔고, 오랜만에 악기도 만졌다. 친구들에게 소식을 전하고 만날 약속을 잡았다. 마음이 한결 가벼워졌다. 하지만 허리가 완치되는 기적은 일어나지 않았다. 한 가지 위안을 삼자면 무더운 도쿄에서 여름을 나지 않았다는 점이다. 구사쓰에서는 냉방이 필요 없었다. 창문만 열어놓으면 시원하고 상쾌한 바람이 온몸을 감싸주었다. 그런 환경에서 쉴 수 있었던 것만 해도 감사해야 할 일이다.

겨울이 되었다. 도쿄에서의 생활은 매일이 단조로웠다. 오전에 지팡이를 짚고 동네를 산책한다. 이제는 지팡이 없이는 걷지 못하고 허리도 점점 더 약해지고 있지만 아직은 내 발로 걸을 수 있다. 구사쓰에서의 여름이 헛되지는 않았다. 기대한 만큼 성과가 크지는 않지만 내가 이렇게 걸을 수 있는 것은 매일의 단조로운 리허빌리테이션 덕택이라고 생각한다. 그렇게 나를 다독이면서 오늘도, 그리고 내일도 쉬지 않고 걷고 있다.

어제와 똑같은 단조로움. 그 단조로움이 반복되는 생활이 현재의 내게는 가장 큰 행복이며 위안이다.

나이를 먹으면 리허빌리테이션도 천천히

일주일에 한 번씩 온수풀에서 내 몸에 맞는 리허빌리테이션 체조를 가르쳐주는 T선생에게 어제도 레슨을 받았다. 레슨 도중에 "허리 근육이 약해진 것 같아요." 하고 앓는 소리를 했다. T선생에게 배운 지도 벌써 3년이다. 그래서 그는 내 몸은 물론이고 내 성격도 잘 알고 있다.

나는 선생에게 매일 아침에 일어난 직후 누워서 하는 체조를 하고 오전에 20분가량의 산책, 그리고 온수풀에 가지 않는 날은 오후에 30분 정도 더 걷는다고 이야기했다. 또 두 번째로 허리가 아픈 이후 걷는 게 조금 고통스러워졌고, 지팡이 없이는 외출이 불가능하다고 털어놓았다. T선생은 풀에서 함께 걸으며 상냥하게 이런저런 주의 사항을 알려주었다.

"전에도 이야기했듯이 운동선수도 매일 근육 트레이닝을 하지는 않아요. 오늘 팔과 목을 트레이닝했다면 내일은 허리와 다리를 하죠. 힘들게 운동해도 쉴 때는 충분히 쉬어요. 휴식도 운동만큼 중요하거든요. 피곤한데도 트레이닝했다간 정말 위험해요.

나이 드신 분들은 더 하죠. 오전 산책은 상관없지만 오후는 권하고 싶지 않네요. 오후 산책은 최소 3일에 한 번씩만 하세요. 어쨌든 이번 일주일은 조금 편하게 지내세요. 근육도 쉴 시간이 필요하니까요."

T선생이 나의 나쁜 성격을 알아챈 것 같았다. 한번 결정하면 여간해서는 되돌리지 않고 무리인 줄 알면서도 고집을 부린다. 젊었을 때는 이런 성격이 장점이라고 생각했지만 나이가 들어서는 나 자신에게 많은 부담을 주고 있다. 선생도 그것을 알기에 조금 더 여유를 가지라고 충고했던 것이다.

일주일에 하루라도 쉬어야 한다. 그 하루의 여유로운 휴식이 내 몸에 새로운 기력을 더해주는 것이다. 어렴풋이 알고 있으면서도 실천하지 못했는데 T선생의 충고를 듣고 마음을 굳혔다. 게으름과 휴식은 엄연히 다르다. 피곤하다고 신호를 보내는 몸의 의사를 무시해서는 안 된다. 몸이 휴식을 원할 때 쉬는 것은 리허빌리테이션이다.

그러고 보니 내 친구들은 대부분 성격이 나와 비슷하다. 우리끼리는 늘 "그렇게 한꺼번에 무리를 하니까 몸이 힘든 거예요. 조금 더 느긋해지세요. 훨씬 편해질 거예요."라고 말한다. 타인에게는 그런 말을 해주면서 정작 나 자신에게는 해주지 않았다. 내가 나를 몰랐던 것이다.

T선생에게 지난여름 구사쓰에서 있었던 일도 털어놓았다. 매

일 아침 10분에서 15분, 그리고 점심 먹기 전에 완만한 등산로를 30분, 그리고 오후에 또 한 번 걸었다고 이야기했다. 그러자, "미나미 선생님, 산길을 천천히 걷는 것과 도쿄의 도로를 걷는 것은 완전히 달라요."라고 말했다.

단순히 걷는 시간만 계산할 게 아니라 지금 어디를 걷고 있는가, 라는 인식도 중요하다고 한다. 운동에서 오는 스트레스가 다르기 때문이다.

내가 좀 더 젊었다면 지금보다 강한 근육 트레이닝을 했을 것이다. 그리고 실제로 가능했을지도 모른다. 그러나 지금의 나는 결코 조급해해서는 안 된다. 여유롭게, 대신 게으름 피우지 않고, 피곤할 때는 확실히 쉬면서 매일의 일상을 살아나가야 한다. 그것이 내게는 가장 중요한 과제이다.

처음으로 알게 된 약의 부작용

지금으로부터 30년 전, 갱년기의 절정을 체험했다. 그리고 현재의 집으로 이사했다. 이사하고 얼마 안 되어 고등학교 1년 선배인 N씨가 집에서 10분 거리인 K종합병원 내과에서 근무하고 있음을 알게 되었다. 즉시 N선배에게 전화를 걸어 진찰을 부탁했다. 그 뒤 한 달에 한 번씩 정기적으로 N선배에게 진찰을 받았다.

40대가 되면 이렇다 할 증세가 없어도 건강을 의식하게 된다. 건강 관리에 신경이 쓰인다. N선배는 조금만 살이 쪄도 주의를 주었고, 나 또한 음식과 운동에 관심을 갖게 되었다.

그 무렵부터 조금 무리를 했다 싶으면 허리가 아팠다. X-레이 검사 결과 골밀도가 매우 낮은 편이었다. 골다공증 징후도 있었다. N선배는 칼슘분말과 비타민을 처방했다. 콜레스테롤 수치(mg/dl)도 높게 나와 고지혈증 치료제를 30년간, 최근까지 계속 약을 먹어왔다.

처음 콜레스테롤 수치를 측정했을 때 한계치인 220mg/dl을 초과했다. 선배는 반년에 한 번 혈액검사를 했고, 진찰 때마다 "미나미 씨, 이 약을 매일 잊지 말고 드세요"라면서 약을 처방해주었다.

콜레스테롤 수치가 높은 내가 고지혈증에서 비롯되는 동맥경화와 뇌경색에 노출되지 않도록 신경 써준 것이다. 그 후 20년이 지나 N선배는 정년퇴직했고, 중년의 여의사에게 진찰을 받았다.

약을 구입하는 방식에도 변화가 생겼다. 의사는 약을 처방만 내렸고 병원 근처의 약국에서만 약을 사야 했다. 의약분업이 이루어진 것이다.

그러던 어느 날, 약명과 섭취량, 복용시간 등이 적힌 설명서에서 "사람에 따라 근육이 약화될 수 있으므로 의사와 상의하십시오"라는 문구를 발견하고 깜짝 놀랐다. 콜레스테롤 수치도 높지만 복근과 등골도 약하다. 12년 전에는 기상과 취침도 괴로웠고, 요통으로 얼마나 고생했는지 모른다.

당황한 나는 약국에서 받은 약을 들고 의사를 찾아갔다. 의사는 내 이야기를 듣고, "그런 위험도 있지만 미나미 선생님의 콜레스테롤 수치가 너무 높으니 이 약을 계속 드시는 게 좋겠어요." 하고 말했다. 그래서 어쩔 수 없이 약을 들고 집에 돌아왔지만 결국 먹지 않았다.

다음 혈액검사 결과 콜레스테롤 수치가 한계인 220mg/dl을 초과해 270까지 높아졌다. 선생님도 더는 위험하다고 경고했다. 하지만 허리를 생각하면 겁이 나서 약을 먹을 수가 없었다. 이런 내 심경을 솔직히 고백하자 선생님은 다른 제약회사의 약으로 대체

해주었다.

온수풀에서 체조 지도를 받고 있는 T선생에게 이런 이야기를 하자 선생은 얼굴빛이 바뀔 정도로 깜짝 놀라면서, "뭐라구요? 미나미 선생님, 그 약을 드셨던 거예요!" 하고 당황하는 것이었다.

T선생은 최근에 수중 리허빌리테이션 지도를 하고 있는 50대 여성의 예를 들려주었다. 그녀도 1년 전까지 나와 같은 약을 먹었는데 그 약 때문에 근육이 약화되어 복용을 중단했다는 것이다. 그러나 안타깝게도 몸 상태가 나빠져 휠체어 없이는 움직이지 못하게 되었다. 그녀는 약해진 근육을 보강하기 위해 이곳을 찾았고, T선생의 관리하에 운동요법을 시작했다고 한다.

그녀는 리허빌리테이션을 시작한 지 반년이 지났는데, 다행히 나처럼 지팡이를 사용하면 보행이 가능하다고 한다. 이처럼 T선생은 약의 부작용에 의한 근육 저하의 사례를 꽤 많이 접한 모양이었다.

그리고 그 뒤 여동생과 전화통화를 하는데 여동생은 콜레스테롤 수치를 내리기 위해 나와 똑같은 약을 먹을까 생각 중이라고 했다.

여동생은 나보다 열두 살 아래로 신체와 관련한 모든 것은 유전이라고 생각하는 스타일이다. 확실히 우리 자매의 콜레스테롤 수치가 높은 것은 유전일지도 모른다. 동생은 육류를 거의 먹지 않고 생선과 야채를 주로 먹으며, 게다가 살도 찌지 않았고 나처럼 혈압도 낮다. 그런데 콜레스테롤 수치만은 높다.

동생은 지금 64세이고 그동안 콜레스테롤 수치를 낮추는 약은 한 번도 먹지 않았다. 그런데 병원에서 약을 복용하는 게 좋겠다는 말을 들었다고 한다. 나는 내 허리가 나빠진 원인이 콜레스테롤 수치를 낮추려고 복용한 약의 부작용 때문일지도 모르니 신중하게 결정하라고 충고한 후 전화를 끊었다.

약을 바꾸기는 했지만 여전히 콜레스테롤 수치를 낮추는 약에 저항감을 느끼고 있다. 콜레스테롤 수치가 높아지면 협심증과 심근경색, 뇌경색 등이 일어날 수 있다. 그런 위험을 감수하면서 의사와 상의도 하지 않고 복용을 중단하는 것은 무모한 짓인지도 모른다.

다행히도 나의 경우는 콜레스테롤 수치가 높아도 나쁜 콜레스테롤이 많은 것은 아니다. 또 부모님이나 조부모님이 뇌경색 등의 혈관장애를 겪지 않으셨다. 조부모님과 부모님 생전에 콜레스테롤 수치를 측정하거나, 이를 완화해주는 약 등은 없었다.

내 나이는 일흔여섯. 꽤 오래전에 고희를 지났다. 몇 십 년 전까지는 약의 도움은커녕 운명에 맡기는 수밖에 없었다. 30년 전 N선배가 콜레스테롤 처방을 해주지 않았더라면 혈관장애를 일으켜 사망하거나, 반신불수가 되었을지도 모를 일이다. 하물며 나는 의사도 아니고 약에 대해서는 아무것도 모른다.

그렇기 때문에 독자들이 나와 똑같은 선택을 할 필요도 없고, 내 의견에 귀를 기울일 필요도 없다. 이런 약이 개발되었기에 무서운 질병의 공포에서 많은 사람이 벗어날 수 있었다. 다만 내가 먹는 약이 어떤 부작용을 일으키는지는 알고 있어야 한다. 이 또한 목숨과 직결된 문제이기 때문이다.

내가 두 달에 한 번 진료를 받고 있는 정형외과병원 약국에서 처방해주는 약의 설명서에는, "발진, 가려움증 등의 증상이 나타날 때는 연락하십시오. 위 불쾌감, 토사, 설사, 변비, 구내염, 두통, 휘청거림, 마비, 두근거림, 빈뇨, 관절통 등이 나타날 수 있습니다"라고 적혀 있다.

다행히 나는 소화기계통이 튼튼해서 이런 주의사항을 읽고도 별로 신경 쓰지 않는다. 하지만 사람에 따라서는 이런 증상을 조심해야 되므로 같은 약이라도 복용을 꺼리는 사람이 있을 것이다.

약이란 현재 나를 괴롭히고 있는 질병을 고치기 위한 수단이다. 반드시 전문의의 지시를 따라야 한다. 질병에 따라서는 부작용을 감수하고서라도 복용할 수밖에 없는 경우도 있다. 부삭용보다 질병 치료가 우선인 상황에서는 환자도 선택을 해야 하는데 이럴 때는 신뢰할 수 있는 전문의의 지시가 가장 중요하다. 질병으로 인한 고통보다 약의 부작용이 더 무섭다면 다른 방도를 모색하고, 고통을 견디기 어렵다면 약간의 부작용은 감내하고라도 복용해야 할 것이다.

비록 전문의라고는 해도 의사의 눈에는 환자의 생활보다 자신이 치료해야 되는 증상과 수치가 먼저 보일 것이다. 환자가 매일 반복하는 생활에 약의 부작용이 어떤 영향을 끼칠 것인가, 라는 배려보다는 당장 병을 고쳐야겠다는 의사로서의 소명이 앞서는 것이 사실이다.

약의 부작용에 대해서는 자신의 나이를 생각해서 매우 신중하게 대처해야 한다. 혼자 고민하기보다는 가족과 상의하고, 마지막으로는 자신의 생활을 충분히 이해한 후 결정해야 한다.

내가 지팡이를 쓰기 시작했을 때

내가 처음으로 지팡이를 산 것은 지금으로부터 12년 전이다. 환갑이 지나고 요통으로 고생하면서 자리에 눕거나 일어나는 것마저 힘겨워 3개월 넘게 누워 지냈다. 정형외과나 침을 맞으러 다닐 때는 일일이 남편이 차로 실어다주었다.

하지만 차에서 내려 건물 안으로 들어갈 때는 내 발로 걸어야 했다. 그때 지팡이가 있으면 편하겠다는 생각이 들었다. 그래서 치료를 마치고 돌아오는 길에 플라스틱으로 만든 접이식 지팡이를 구입했다.

플라스틱제라고 해도 쥐는 부분은 목재이고 T자형이다. 손가락이 닿는 곳에 물결무늬가 새겨 있어서 손에 쥐었을 때 미끄러지지 않는다. 길이도 2.5센티미터(1인치)마다 구멍이 있어서 조절이 가능하다.

정형외과 전문의에게 어떤 길이의 지팡이를 사용해야 되는지 물어볼 필요가 없어서 편리하다. 현재 내가 사용하기 딱 알맞은 길이는 다섯 개의 구멍 중 한가운데 구멍이다. 여기에 맞춰놓으면 어느 곳을 걷든 몸이 중심을 잡을 수 있다.

플라스틱제라면 어쩐지 약할 것으로 오해하기 쉬운데 요즘은 플라스틱이라도 강도가 높다. 오히려 철이나 알루미늄제가 플라스틱보다 쉽게 구부러지고 강도에 비해 무겁다. 내가 사용하고 있는 지팡이의 무게는 250그램이다.

목재의 손잡이 부분은 처음 구입할 때 검은색이었는데 10년 가까이 사용했더니 검은색이 심하게 벗겨졌다. 그러나 플라스틱 막대 부분은 여전히 튼튼하다. 깨진 곳도 없고, 체중을 실어도 구부러지지 않는다. 사용하면서 한 번도 불편을 느낀 적이 없다.

지면에 닿는 부분에 고무덮개를 씌워놓았는데 마모되면 지팡이를 구입한 곳에 가서 갈아 씌운다. 실제로 지팡이를 사용한 기간이 짧아서 고무덮개를 바꾸지 않고 그대로 사용하고 있다.

나는 10여 년 전부터 지팡이의 도움을 받았는데 조금씩 요통이 가라앉으면서 사용을 중단했다. 지팡이를 짚고 걷는 사람들을 봐도 그렇고, 나 역시도 그런데 지팡이에 의지하다보니 몸이 앞으로 구부러지는 것 같았다. 지팡이가 없으면 상체를 똑바로 세우기가 더 편하다.

이웃에 사는 50대 주부로 나와 사이가 좋은 미치코 씨가 하루는 이런 말을 했다.

"요통으로 고생하셨다는 이야기를 들었는데 이젠 나으셨나 봐요. 그래도 역에 가실 때는 지팡이를 가져가세요. 안전을 생각해서도 좋고, 일단 지나가는 사람들이 아, 저분은 지팡이가 필요한 분이구나, 하고 양보해주시지 않겠어요?"

미치코 씨는 예전에 대퇴부 관절수술을 받고 나처럼 지팡이를 짚고 다녔다. 아마도 자신의 체험에서 우러나온 말일 것이다. 그녀는 이제 완전히 건강해져서 아침마다 자전거를 탈 정도가 되었다. 성격이 밝고 무엇이든 거리낌 없이 말하는 사람이어서 이웃 지인들 중에서도 상대하기 가장 편하다. 충고도 잘해주고, 나의 충고도 귀담아듣는다. 미치코 씨의 말처럼 주위 사람들이 조심하도록 지팡이를 들고 다니는 고령자가 있을지도 모른다.

하루는 지팡이를 들고 외출했다. 미치코 씨는 지팡이 없이 걸을 수 있더라도 지팡이를 짚으면 편할 것이라고 말했지만, 지팡이를 들고 있으니 물건을 살 때 오히려 방해만 되었다. 그래서 지팡이를 더 이상 사용하지 않게 되었다. 내가 최초로 구입한 접이식 지팡이는 한동안 현관 옆에서 허송세월을 보냈다. 그런데 재작년 6월 두 번째 요통으로 고생했다. 12년 전의 경험을 살려 3주일간 집에서 안정을 취했는데 이런 노력 덕분에 다시 걸을 수 있게 되었다.

그해 도쿄의 7월은 무더위가 기승을 부렸다. 에어컨 바람이 허리에 좋지 않은 데다 도저히 집에서는 여름을 지낼 자신이 없었다. 그래서 구사쓰로 요양을 떠났다. 도착한 다음 날부터 완만한 언덕길을 걸었다. 신록으로 뒤덮인 숲길을 걸으면 내 몸도 금방 나을 것 같았다. 평지는 그럭저럭 걷기 쉬웠는데 약간 비탈진 곳만 나타나도 지팡이 없이는 걸음을 뗄 수 없었다.

오른손으로 지팡이를 짚고 체중을 반쯤 실은 채 걸음을 옮긴다. 네다섯 걸음 걸은 후 그 자리에 서서 등을 뒤로 젖혔다가 또 천천히 지팡이를 짚고 네다섯 걸음을 걷는다. 그렇게 100걸음 정도 걸으면 우측으로 오랫동안 몸을 기울인 탓에 등뼈 한가운데의 우측 부위가 묵직해진다.

이럴 때는 지팡이를 왼손에 바꿔 쥐면 등의 통증이 순식간에 사라진다. 대신 체중이 왼편으로 쏠려 등 왼쪽이 묵직하고 아프다. 지팡이를 쓰지 않고 걸어보았더니 배에 힘이 들어가서 저절로 몸이 앞으로 숙여졌다. 복근이 당기고 옆구리가 금방 쑤셨다. 결국 구사쓰에서 다시 지팡이를 사용하게 되었다.

가을에 도쿄로 돌아온 후에도 외출할 때마다 지팡이를 사용했다. 지팡이 없이 길을 나서면 대여섯 걸음 만에 배가 땅긴다. 지팡이 없이 나갔다가도 다시 집으로 돌아와 지팡이를 들고 나간다. 근처 찻집에 갈 때도, 마트에 갈 때도 지팡이를 들고 간다. 귀찮기는 해도 내 몸을 지팡이에 의지한다. 더는 거추장스럽다고 생각하지 않는다. 어느새 내 안에서 지팡이가 그토록 소중한 물건이 되었다.

구사쓰에서 돌아오고 며칠 안 되어 오랜만에 전철을 타고 백화점에 들렀다. 목재 지팡이를 사기 위해서였다. 평소에 쓰던 접이식 지팡이보다 2센티미터가 길어서 목공서에 들러 길이를 맞췄다. 이번에 산 지팡이는 옅은 녹색으로 꽤 멋을 부렸다. 이제 내 몸은 지팡이 없이는 걷지 못한다. 어쩐지 하나로는 부족하다는 생각이 들어 새로 구입한 지팡이보다는 낡은 접이식 지팡이가 아직은 내 손에 더 잘 맞는다.

역에서 돌아오는 길에 가끔 미치코 씨와 마주친다. "다시 지팡이를 짚게 되었어요"라고 보고하자 미치코 씨는, "전보다 건강해 보여서 다행이에요. 허리도 많이 펴졌어요." 하고 칭찬해주었다. 평소 과장하지 않는 미치코 씨에게 그런 말을 들으니 기분이 좋았다. 그녀는 진심으로 나를 걱정해주었고, 상태가 호전되었다며 기뻐해주었다. 그녀를 생각해서라도 앞으로는 지팡이와 함께 더 많이 걸어야겠다고 결심했다.

아침 10시 30분에 어김없이 집을 나선다. 손에는 당연히 지팡이가 들려 있다. 20분을 걸어 역전 광장이 보이는 찻집의 2층에 도착했다. 오전에는 특별한 스케줄이 없는 한 항상 같은 시간에 찻집을 찾는다.

계절은 2월이다. 일기예보에 따르면 최저온도는 영상 5도라고 한다. 비는 내리지 않지만 하늘은 흐리다. 2층 창밖으로 최근에

개축한 역전광장이 한눈에 들어온다. 전철을 타려는 사람들과 역 주변 상가에서 쇼핑을 하는 사람, 전철에서 내린 사람들이 광장을 지나쳐 각자의 방향으로 흩어지고 있다.

그들의 뒷모습을 구경하며 주문한 차를 마신다. 수첩을 꺼내 일기를 쓰고, 오늘 일정을 생각해본다. 20여 명의 사람이 광장을 지나고 있다. 지팡이를 짚고 있는 사람도 보이고, 손수레에 매달리듯 몸을 기대고 걷는 사람도 보인다.

이런 사람들은 대부분 칠팔십대다. 목발을 짚고 돌아다니는 젊은 사람도 있다. 1년 전부터 다시 지팡이를 짚기 시작한 나는 발이 불편한 젊은이를 보고 내 형편을 원망해서는 안 되겠다고 생각했다. 지팡이를 짚는 것은 수치가 아니다. 젊은 나이에도 사고나 병으로 휠체어와 목발을 의지해야 하는 사람도 있다. 비록 나는 늙었지만 내 두 발로 길을 걷고 있다. 감사해야 한다.

간혹 나와 비슷한 또래의 사람이 한 손에는 지팡이를 들고, 어깨에는 가방을 메고 걷는 모습을 보게 된다. 혹은 손수레 등에 짐을 잔뜩 싣고 걸어가는 모습도 본다. 아마도 독거노인일 것이다. 나는 쇼핑 때마다 남편이 차로 데려다준다. 내 처지를 생각하면 불만을 터뜨려서는 안 된다. 그러나 인간은 이기적인 동물이다.

지팡이를 짚고 다니지 않을 때 미치코 씨로부터 "일찌감치 지팡이를 쓰세요"라는 말을 들었다. 그때는 지팡이가 필요하면 자연히 쓰게 되겠지, 하고 생각했다. 나의 생활에서 지팡이를 잊어버리거나 들고 나가지 않는 일은 없을 것이다. 지금 나는 지팡이 없는 생활은 꿈도 못 꾼다.

지팡이가 있어도 걷지 못하는 날이 온다면 어떻게 될까. 그런 날을 생각하면 두렵다. 하지만 아직 오지 않은 날 때문에 오늘을 허비하고 싶지는 않다. 오늘 하루도 지팡이와 함께 내가 가고 싶은 곳에 다녀왔다. 그것으로 나의 오늘은 충분히 행복하다.

상반신이 하반신에 실리기 시작했다

　요즘은 집 안을 돌아다닐 때도 지팡이 생각이 간절하다. 식탁에서 일어날 때나, 책상에서 일어날 때 식탁이나 책상 모서리에 두 손을 대고 간신히 일어난다. 그리고 뭔가를 붙잡고 천천히 걸음을 옮긴다. 자리에서 일어날 때 처음의 대여섯 걸음이 가장 힘들다. 몸이 중심을 못 잡고 휘청거린다. 평형을 유지하면서 한 발을 내딛는 것조차 내 허리는 힘겨워한다.

　오늘 아침에도 식사 준비를 하면서 반찬그릇뿐만 아니라 식후에 마실 차를 따르는 사기그릇과 찻잔 두 개, 그리고 식후에 약을 먹을 때 사용할 컵까지 미리 준비했다. 그런데 식후에 먹을 과일과 나이프, 행주는 깜빡하고 잊어버렸다. 할 수 없이 식탁에서 다시 일어나 움직였다. 반년 전까지 이 정도는 아니었다. 그런 생각을 했더니 서글픔이 밀려왔다.

　식후 설거지는 남편 담당이다. 나는 30분간 집안을 정리하고, 옷을 갈아입고 외출 준비를 한다. 바로 그때였다. 지팡이에 체중을 싣지 않아도 걸음이 옮겨졌다! 상체가 하체에 세로로 가지런히 실려 있는 듯한 느낌이었다. 그 느낌을 유지하면서 한 발을 적당한 보폭으로 내밀어보았다. 허리도 안 아프고 중심도 제대로 잡힌다. 이런 감각을 대체 얼마 만에 느껴본 것일까. 지팡이에 의지하지 않고 오직 내 두 발로 한 걸음이라도 정확히 움직여본 것은 거의 반년만이었다.

문득 짐작 가는 데가 있었다. 두 번째 요통으로 구사쓰에서 요양한 후 9월경 집에 돌아와서 그 다음 주부터 온수풀에서 레슨을 다시 시작했다. 그때 T선생으로부터, "선생님의 자세가 많이 달라졌어요. 상체와 하체의 균형이 좋아지셨군요."라는 말을 들었다. 그 다음 주 레슨이 끝나고 자쿠지(물에서 기포가 일도록 만든 욕탕)에서 걷기 운동을 할 때도, "전보다 상반신이 훨씬 안정되었어요" 하고 T선생으로부터 칭찬을 받았다. 지난여름 허리로 고생한 것을 알고 있기에 나를 격려하려고 칭찬해준 것인지도 모른다. 어쨌든 기분도 좋고 자신감도 생겼다.

레슨이 끝나고도 T선생은 수중에서 '올바른 자세로 걷는 법'을 가르쳐주었다. 물속에 함께 들어와 나를 붙잡고 "허리를 더 펴셔야 해요"라며 세세한 데까지 신경을 써주었다. 레슨 때마다 마지막 동작 후에도 두서너 번씩 더 반복하게 한다. 특히 자세에 각별히 유의한다. 나도 T선생의 수고가 헛되지 않도록 자세를 유지하면서 열심히 운동했다.

그런 훈련 덕분인지 앞에서 설명했듯이 오전에 외출하려는데 몸이 무척이나 가볍고 지팡이 없이도 걸을 수 있을 것 같았다. 느낌을 표현하자면 '배에 힘을 주면 상반신이 하반신에 실린 것 같은, 마치 하반신이 상반신을 들어 올리는 것 같은' 기분이었다.

15분 거리의 찻집에 도착해 평소처럼 글을 쓰고, 낮에는 남편이 차로 집까지 데려다주었다. 오후에 다시 집을 나와 산책하는데, 오전처럼 상반신이 하반신에 걸쳐 있는 듯한 감각은 없었다. 하지만 자세를 똑바로 해야겠다고 생각하지 않아도 몸이 자연스레 바른 자세를 취하는 것 같았다.

저녁에 메일로 T선생에게 오늘 겪었던 일을 알렸다. 다음 날 아침 T선생으로부터 메일이 도착했다. "틀림없이 더 젊어지실 거에요."

수중에서의 리허빌리테이션 운동

젊었을 때부터 수영을 못했다. 삼십대에도 평형은 15미터가 고작이었고, 크롤과 비슷한 영법으로는 10미터도 힘겨웠다. 발이 닿지 않는 깊이는 엄두도 내지 못했다. 그렇다보니 일부러 수영장에 간 적도 없다.

그 후 허리를 다쳐 고생했고, 간신히 집 근처를 다닐 수 있게 되었을 때 수중운동이 좋다는 말을 들었다. 다행히 근처에 온수풀을 갖춘 재활센터가 있었다. 처음에는 조금이라도 물의 저항이 있는 편이 좋지 않을까 싶어 어깨깊이의 풀에서 수중워킹을 시작했다.

당시에는 T선생에게 따로 배우지 않았다. 나 홀로 40~50분씩 가장자리를 걸었다. 그러고는 자쿠지에서 5분간 몸을 풀고 샤워 후에 돌아오는 식이었다. 온수풀에서 수중워킹을 한 날은 저녁에 잠도 잘 오고 컨디션도 좋아지는 느낌이었다.

약속이 생겨 온수풀에 다녀오지 않은 날에는 아침에 일어나 잠옷을 벗고 내의를 입을 때 발이 생각만큼 올라가지 않는다. 반대로 온수풀에서 운동을 하고 오면 며칠간 몸이 부드러웠다.

그렇게 2년이 지났다. 이웃에 사는 젊은 엄마로부터 온수풀에서 개인레슨을 해주는 선생님을 소개받았다. 요즘도 주 1회 레슨을 맡고 있는 T선생이었다.

T선생은 장애아와 중년여성을 주로 담당하고 있다. 지금까지 해왔던 운동 중 수중에서의 리허빌리테이션이 내 몸에는 가장 적합했다. 특히 T선생에게 일대일로 교습을 받으면서 신체뿐 아니라 생활에서도 많은 개선이 이루어졌다. 지금은 일주일에 한 시간 하는 수중운동이 내 생활에서 가장 중요한 일과의 하나가 되었다.

처음 2년은 어깨깊이의 풀에서 걷기를 중점적으로 했다. 그냥 걷기가 아니라 발을 무릎높이까지 들었다가 바닥을 짓밟듯이 내리는 힘찬 걸음이다. T선생은 풀에 직접 뛰어들어 지도해줄 뿐만 아니라 모든 운동에 앞서 시범을 보여준다. 때로는 옆에서 함께 호흡을 맞춰주기도 한다.

리허빌리테이션 운동으로 수중워킹뿐 아니라 가장자리를 붙잡고 하는 체조도 가르쳐주었다. 그리고 항상 마지막에는 나의 머리를 T선생이 붙잡은 상태에서 옆으로 몸을 띄운 채 팔다리를 움직이는 동작을 반복한다. 허리에 무리가 가지 않도록 동작의 종류를 늘려가면서 천천히 가르쳐주었다.

레슨은 일주일에 한 번이지만 중간에 한 번씩 온수풀을 찾는다. 선생에게서 배운 체조를 복습하기 위해서다. 그래서 최소 일주일에 두 번은 온수풀을 찾는다. 이것만은 절대로 게으름 피우지 않는다. 여름에도, 겨울에도 계속 찾는다. 그 때문인지 지난 몇 년간 열이 오르는 감기에 걸리지 않았다. 가끔 콧물이 나기도 하는데, 그런 날도 정해진 레슨과 연습을 마친다. 몸 상태가 좋지 않은 날은 서둘러 수영복을 세탁하고, 평소보다 이른 저녁을 먹고 그대로 침대에 눕는다. 이튿날 아침 일어나보면 콧물도 그치고 몸도 개운하다.

어깨깊이의 풀에서 레슨을 받은 지 2년쯤 지났을 때 T선생이, "오늘부터 조금 얕은 데서 해볼까요?" 하고 권했다. 수심은 90센티미터, 수온은 평소에 레슨 받던 풀보다 2도가 높았다. 가만히 있어도 몸이 금세 따스해진다.

운동을 해본 결과 얕은 풀이 물속에서의 체적과 부력이 적어서 더 힘들다. 보폭을 넓혀 성큼성큼 걷다보면 균형을 잡기도 쉽지 않다. 풀의 길이는 25미터다. 이곳에서 나는 이런 운동을 한다.

1. 다리를 어깨너비로 벌리고 한 번 왕복하기
2. 다리를 어깨너비 이상으로 벌리고 보폭을 크게 해 왕복하기
3. 등을 뒤로 젖힌 자세에서 최대한 다리를 옆으로 벌리고 왕복하기
4. 옆으로 걷기

옆으로 걸을 때는 양팔을 좌우로 벌리고 조금 빠르게 걷는다. 발을 들어 올릴 때는 빨리, 내릴 때는 천천히, 여기에 맞춰 손도 좌

우로 내렸다 올렸다를 반복한다. 이런 동작을 되풀이하며 풀을 왕복한다. 시간이 남으면 응용동작도 해본다. 발을 들어 올릴 때는 천천히, 내릴 때는 빠르게, 그리고 팔을 벌리는 것도 발과 반대로 해본다.

이 밖에도 그 자리에 서서 한쪽 발을 앞뒤로 최대한 휘두르는 동작도 있다. 이 동작은 최소 열 번이다. 발을 앞으로 내밀었다가 그 상태에서 옆으로 돌려 뒤로 뻗는다. 이 동작도 열 번 가까이 한다. 다음으로 반대쪽 발을 앞뒤로 열 번 흔들고, 앞으로 뻗은 상태에서 옆으로 돌려 뒤로 뻗기를 열 번 한다.

옆으로 걷기는 오른발부터 내민다. 왼발은 오른발 앞으로 교차시킨다. 이어서 오른발을 왼발 앞으로 내민다.

발을 어깨너비 이상으로 크게 벌리고 무릎을 천천히 굽히는 동작도 있다. 아랫배에 힘을 주고 양쪽 무릎을 가슴에 대듯이 허리를 숙이기도 한다. 얼굴이 수면에 가까워졌을 때 까치발로 몸의 중심을 잡는다.

이 운동은 복근이 약한 나에게는 매우 어려워 바닥에서 발이 떨어지기 일쑤다. 그래서 처음에는 가장자리에서 사다리를 잡고 연습했다. T선생도 무리할 필요는 없다고 했다. 꽤 시일이 지났음에도 여전히 가장 어려운 동작 중 하나다.

수중에서 몸 비틀기 운동도 한다. 무릎을 벌리고 허리는 낮춘다. 양손을 벌린 자세에서 왼손을 왼쪽으로 돌리고, 오른손을 앞으로 내밀어 왼손을 붙잡는다. 이어서 왼손만 등 뒤로 보내고, 그 상태에서 오른손이 왼손을 따라간다. 그러면 허리가 크게 비틀어진다. 이 동작도 좌우로 실시한다.

여기까지의 동작이 끝나면 양발을 나란히 붙이고 허리를 반듯하게 편 상태에서 앞뒤로 점프한다. 등을 똑바로 세우고, 목도 반듯하게 세우고, 어깨에 힘을 뺀 상태에서 점프하는 것이 중요하다.

나는 이 모든 동작을 T선생에게서 배웠다. 도서관이나 서점에는 이 같은 운동방식을 소개하는 책자가 많다. 사정상 레슨 등이 어렵다면 전문책자를 참고하는 것도 좋은 방법이다. 그리고 모든 동작은 자신의 몸에 맞게 응용이 가능하다.

이렇게 나의 체험을 소개해보았다. 나는 의사도 아니고, 재활치료전문가도 아니다. 내게 맞는 운동요법이 무릎이나 발목이 약한 분에게는 맞지 않을 수도 있다. 그러나 한 가지 확실한 것은 수중운동이 부력 등의 작용으로 몸에 부담을 덜 준다는 점이다. 물에서의 움직임은 저항 때문에 지상에서의 움직임보다 더 많은 힘이 필요하다. 그래서 수중에서의 리허빌리테이션이 신체 회복에 많은 도움을 주는 것 같다.

T선생은 수중에서 움직일 때는 배꼽 바로 윗부분에 힘을 줘야 한다고 강조한다. 어떤 동작을 하든 그곳에 힘을 주는 게 먼저라

는 것이다.

  현재 나의 허리 상태는 주 2회의 수중 리허빌리테이션이 중단될 경우 걷는 것조차 불가능할 지경이다. 당장 그렇게 되지는 않겠지만 심리적으로 꼭 그렇게 될 것만 같다.

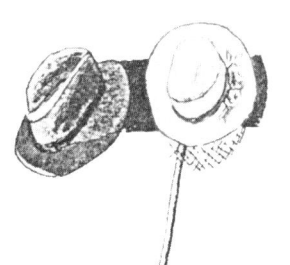

8. 노인홈에 입주하기로 결정했을 때

현재 남편은 77세. 혈압이 약간 높은 것 외에 암이나 당뇨병 등은 없다. 남편의 입장만 생각하면 여차할 때 도움을 받을 수 있는 노인홈에 입주할 필요가 없다. 우리 부부가 노인홈 입주를 생각한 것은 지금으로부터 10여 년 전이다.

몇 차례 밝힌 바와 같이 나는 12년 전인 64세 때 허리를 크게 다쳤다. 3개월 가까이 일상생활이 불가능한 상태였다. 반년이 지나서야 조금씩 걸음을 뗄 수 있는 몸이 되었는데 그 무렵 이웃에 사는 재일외교관 부인의 다과회에 초대받았다. 그곳에서 수녀님 한 분을 만났다.

바로 우치다 씨였다. 우연히 내 옆자리에 앉게 되어 서로 자기소개를 했다. 이야기 도중에 그녀가 집 근처의 유료 노인홈 책임자(시설장이라는 직위)임을 알게 되었다.

허리를 다치고 집안일도 벅차던 때라 나는 노인홈 이야기에 관심이 갔다. 당시 남편은 노인홈에 소극적이었다. 그런 남편을 설득해 하루 동안 노인홈을 체험해보기로 결정했다. 부모님도 60대 중반부터 넷카이의 유료 노인홈에서 지내셨다. 그곳 말고는 우리 부부가 체험해본 고령자 전용 노인홈은 한 군데도 없었다.

하룻밤 묵는 데 필요한 최소한의 짐을 챙겨 체험입주를 시작했다. 우리가 사용할 방은 다다미 여덟 장 크기의 양실이었다. 싱글 침대가 두 개 나란히 있는 것 외에는 공간의 여유가 거의 없었다. 저녁식사와 아침식사를 하고 집에 돌아왔다. 집에 오자마자 남편이 선언했다

"저렇게 좁은 방에서 하루에 절반 이상 지낸다는 건 말도 안 돼. 밥은 괜찮았고 우치다 씨나 식당에서 만난 직원들 인상도 마음에 들었어. 그래도 입주는 안 해. 당신이 꼭 들어가야겠다면 혼자 들어가. 나는 죽을 때까지 30년 동안 살아온 이 집에서 살 거야."

우치다 씨를 찾아가 우리 부부의 상황을 솔직하게 털어놓으며 상의했다. 지금은 무리이더라도 나중에 상황이 바뀌면 어떻게 될지 모른다고 생각했기 때문이다.

그런데 우치다 씨는, "우리 노인홈은 평균연령이 너무 높아졌어요. 그래서 예외 없이 65세 이하의 건강한 분만 입주시키고 있어요."라고 말하는 것이었다. 남편은 그때 65세를 4개월 남겨두고 있었기 때문에 어쩔 수 없이 입주를 단념하는 수밖에 없었다.

"가즈코 씨도 허리가 좋지 않다고는 하지만 리허빌리테이션을 꾸준히 하시면 좋아지실 거예요. 또 아직 젊으시니까…. 나로서는

미나미 씨 부부가 입주하지 않는다면 단순한 친구로 만날 수 있어서 더 좋아요."

우치다 씨는 격려해주려는 듯 그렇게 말하며 환하게 웃었다.

그리고 10년이 지났다. 나의 허리는 한때 나아지는가 싶었는데 지난 수년간 천천히 악화되고 있었다. 특히 하루 세 번의 식사 준비를 주방에 서서 내 손으로 만든다는 것이 거의 불가능해졌다.

아침은 빵과 우유, 과일로 간단히 끝내고, 점심과 저녁 중 한 끼는 단골식당에서 해결하고, 나머지 한 끼는 냉동식품, 또는 편의점에서 파는 도시락에 의지했다.

2년 전 봄, 집에서 2~3분밖에 떨어지지 않은 곳에 유료 노인홈이 새로 들어섰다. 이를 계기로 남편과 다시금 유료 노인홈 입주 문제를 상의했다. 남편이 장기간 입원한다든가, 더 이상 가사를 도와줄 수 없는 처지가 된다면 어떻게 할 것인가. 누군가의 도움 없이 나 혼자 생활하기란 불가능하다. 식사를 준비해주고, 나를 도와줄 곳에 의탁하는 수밖에 없다.

집 근처에 유료 노인홈이 있다면 솔직히 입주하고 싶었다. 집에도 자주 올 수 있고, 아니면 매일같이 집에서 오가도 된다. 병에 걸리거나, 더는 걷지 못하게 되었을 때 노인홈에 완전 입주하면 되었다.

그래서 남편과 둘이 새로 생긴 노인홈을 방문했다. 신축한 지 한 달이 채 안 된 곳이라 그런지 겉으로는 깨끗하고 보기 좋았다. 입주인원은 110명. 3층짜리 건물로 모델룸을 서너 군데 둘러보았다. 모델룸이니만큼 침대도 제각각이고, 가구도 작은 붙박이 벽장이 고작이었다. 벽장문을 열어보니 양복걸이가 키가 큰 남편도 간신히 손에 닿을 만큼 높게 설치돼 있었다. 너비도 양복폭의 3분의 1밖에 되지 않았다. 양복을 서너 벌 걸면 더 이상 공간이 없는, 정말 불친절한 배려였다. 양말이나 속옷을 넣을 서랍도 없었다.

좁다는 생각이 머릿속에서 떠나지 않았다. 마치 화장실이 딸린 병원의 1인용 병실 같았다. 당연히 욕실도 없었다. 노인홈이 선택이 아닌 필수가 된 이상 좁은 공간 등에 불만을 품지 않기로 나와 남편은 처음부터 결심했었다. 그렇기는 해도 직원들의 태도가 조금은 마음에 걸렸다. 친절하지도 않고 우리 부부의 성격과 어딘지 모르게 맞지 않았다.

1층 입구 근처에 넓은 식당이 있었다. 우리가 갔을 때는 오후 세 시쯤이었는데 한 여성이 식당 구석의 커다란 텔레비전을 보고 있었다. 그 모습을 보고 이런 생각이 들었다. 식당에 텔레비전이 있다는 것은 식사 중에도 텔레비전이 왕왕거리며 떠들어댄다는 뜻이다. 우리 부부는 자유를 속박당하는 것 같은 이런 식의 공동생활은 견디지 못할 것이다.

식당의 텔레비전을 보면서 노인홈을 선택할 때, 가령 설비나 식사 등은 타협이 가능해도 노인홈 운영자의 방침이 우리 부부와 맞지 않는다면 절대로 입주가 불가능하다는 것을 깨달았다. '그까짓 텔레비전'이 문제가 아니다. 식당에 텔레비전을 갖다놓는다는 사고 자체가 우리 부부와는 공존이 어렵다고 느꼈다. 또 숙모가 입주한 노인홈처럼 일체의 외출을 금지하고, 근처를 산책하는 것도 허락 없이는 안 된다는 말을 듣고 난감해졌다.

　주거공간에 집착하는 것은 부모님이 30년 전에 입주했던 유료 노인홈 때문인 것 같다. 부모님이 입주하신 노인홈은 우리 집에서 자동차나 전철로 서너 시간은 족히 걸리는 거리였다. 넓은 공간을 원한다면 현재 살고 있는 집에서 되도록 멀리 떨어진 유료홈을 찾으면 된다. 그런 곳은 공간이 넓을 뿐 아니라 자연환경도 좋다.

　부모님이 사셨던 노인홈에는 온천도 있어서 언제든 목욕탕을 사용할 수 있었다. 게다가 방에서 바다가 보였다. 노인홈에서 택시를 타고 넷카이 역에 가서 신칸센을 타면 도쿄까지 1시간 걸렸다. 그런 점을 고려해서 아버지는 이 노인홈을 선택하셨던 것 같다. 그 홈은 원칙적으로 60세 이상의 건강한 사람만 입주 가능했는데 부모님은 30년 가까이 그곳에서 사셨다. 단 한 번도 나와 동생 앞에서 생활이 불편하다거나 직원들 태도에 대해 불평하신 적이 없다. 마음에 드셨던 것인지, 아니면 자신의 선택에 책임을 져야 한다는 고집에서 말씀을 안 하신 것인지는 모르겠다.

　다다미 여섯 장 크기의 방. 남쪽에는 베란다풍의 선룸, 북쪽에는 현관인데 다다미 석 장 크기의 공간이 별도로 딸려 있었다. 그 한쪽 구석에 작은 싱크대와 전기히터, 반대쪽에 작은 욕조, 화장실, 손만 씻을 수 있는 세면대 등이 있었다. 방에는 이불이 들어갈 한 칸짜리 반침도 있었다.

　저녁식사 때는 항상 신선한 생선회와 술안주 등이 나왔다. 생선과 고기가 식단에 자주 포함되어 아버지는 늘 마음에 든다고 칭찬하셨다.

　원칙적으로 건강을 입주조건으로 명시한 까닭은 외출과 외박이 자유였기 때문이다. 공동 목욕탕도, 방에 딸려 있는 욕조도 언제든 자유롭게 사용했다. 휠체어를 타고 돌아다니는 사람은 없었다.

　지금도 도쿄에서 떨어진 곳이나, 입주금을 포함해서 매월 경비가 비싼 곳은 자유로운 반면, 최근 개설한 노인홈 중에는 목욕을 이틀에 한 번, 혹은 일주일에 두 번으로 정해놓은 곳도 있다는 이야기를 들었다.

　자연과의 생활을 동경하며 지방의 유료 노인홈에 입주한 친구가 있었는데 몇 달 견디지 못하고 도쿄로 돌아왔다. 자연환경은 마음에 들었지만 오랫동안 도시에서 살아온 탓에 오히려 불편한 점이 많았다고 한다. 내 친구처럼 새로운 환경에 적응하지 못하고 살던 곳으로 돌아오는 경우가 적지 않다. 제아무리 조건이 좋아도 고령자에게는 오랫동안 생활해온 환경이 최고인 것 같다.

친한 사람들과 멀리 떨어져 자연 속에서 살기보다는 마음에 맞는 오랜 친구들 곁에서 남은 여생을 보내는 게 더 행복하다는 것이 그들의 결론이다. 자주 들르는 가게라든가, 내 입에 맞는 찻집 등 익숙한 삶의 공간에서 멀어지는 게 생각보다 더 쓸쓸했을 것이다.

주위 사람들의 경험담을 귀담아들으며 우리 부부는 내 허리가 더 나빠지기 전에 노인홈을 좀 더 견학하기로 했다. 견학한 노인홈의 수가 늘어날수록 남편과 나의 노인홈 선택 기준에 변화가 생기기 시작했다. 방의 넓이보다는 노인홈의 경영 방침이 중요함을 깨달은 것이다. 무엇보다도 불필요한 규칙에 구속되지 않아야 하고 현재 살고 있는 집에서 최대한 가까운 거리여야 했다.

때마침 우치다 씨를 만났다. 우리 부부가 노인홈을 찾고 있다는 말을 듣고 우치다 씨는, "잘됐군요. 실은 저희 노인홈도 65세 이하라는 입주조건을 삭제했어요. 미나미 씨만 괜찮다면 언제든 입주할 수 있어요" 하고 웃으며 말하는 것이었다. 남편은 76세였고, 내 허리도 상당히 약해져 있었다. 남편의 생각은 10년 전과는 완전히 달랐다. 그래서 되도록 입주하는 방향으로 우치다 씨와 상의했다.

우치다 씨는 입주를 원하는 사람들에게 다음과 같은 여섯 가지

조건을 당부한다. '자립, 양식, 품위, 자유 존중, 프라이버시 존중, 그리고 가십에 대한 무관심.'

노인홈의 입주조건치고는 추상적일지도 모른다. 그러나 여러 노인홈을 둘러보고, 많은 사람으로부터 의견과 체험담을 들은 우리 부부에게 우치다 씨가 제시한 여섯 가지 조건은 매우 중요했다.

더구나 우치다 씨가 운영하는 노인홈은 현재 살고 있는 집에서 내가 천천히 걸어도 30분이면 도착한다. 차를 타면 5분도 걸리지 않는다. 마음만 먹으면 언제든지 집으로 친구들을 초대할 수 있다. 그 점도 매우 마음에 들었다.

12년 전에 노인홈이 좁다면서 입주를 반대하던 남편도 방의 크기보다 중요한 것이 있음을 새삼 깨닫고 생각을 고쳤다.

결국 우리 부부는 우치다 씨의 노인홈에 입주를 결정했다. 입주가 결정된 후 다시 한 번 노인홈에 들렀다. 확실히 방은 좁다. 대신 공동으로 사용하는 공간이 충분하다. 현관의 로비도 넓고, 각 층마다 소파와 테이블이 갖춰진 라운지 같은 공간이 있다. 도서실도 있고, 입주자들이 다양하게 활용할 수 있는 집회실도 있다. 이런 공간도 노인홈 선택에서 매우 중요한 부분임을 우리 부부는 알고 있었다.

현재 우리는 노인홈에서 생활하고 있다. 집에서와는 다른 두 사람의 공동생활이다. 앞으로 어떻게 될지는 좀 더 두고봐야 할 것 같다.

후기

　이 책보다 먼저 출판한 《노년생활의 준비》에서 60세를 기점으로 인생의 한 단계를 끝마쳤으므로 새롭게 노년을 준비하라고 충고했다. 독자 앞에서는 설교하듯 그렇게 말했지만 나의 노년은 갑작스러운 몸의 변화와 함께 찾아왔다. 마치 언덕길에서 굴러 떨어지는 기분이었다.
　골다공증이라는 진단을 받고도 매일 무거운 서류와 책을 들고 외출했다. 그 결과 심각한 요통으로 지금까지 고생하고 있다. 본문에서 쓴 것처럼 요통에서 회복되지 못했다. 생활에 변화를 줄 수밖에 없었다. 요통 때문에 잃은 것도 많지만 건강을 잃으면서 새롭게 알게 된 사실도 많다.
　《노년생활의 준비》에서는 나의 그 같은 체험을 바탕으로 화장실과 욕실 등 주거생활을 어떻게 바꿀 것인지, 고령자의 도구사용법 등 구체적인 기술에 주력했다.
　일흔이 넘으면서 삶이 점점 느려짐을 깨닫는다. 70대의 생활은 60대와는 확연히 다르다, 라고 절감하고 있다. 그래서 이 책에서는 머잖아 다가올 '노년'이라는 변화를 준비하기보다는 깊어가는 늙음을 어떻게 받아들이고, 어떤 자세로 그동안의 삶을 지속시킬 것인지에 주목했다.

  이 책을 쓰면서 함께 늙어가는 친구들과 지인들에게 많은 가르침을 받았고, 그들의 배려를 통해 무엇을 써야 하는지 알게 되었다.

  마지막으로 온수풀에서 항상 나를 지도해주시는 T선생, 그리고 치쿠마쇼보 편집자들에게 진심으로 감사의 말씀을 드린다.

미나미 가즈코

옮긴이의 말

많은 사람들이 노년에 접어들어 인생의 모순과 대면하게 된다. 60년 가까운 세월을 주위 환경과 변화에 따라 자각하고 대처하며 뜻한 바대로 살아왔다. 그 과정에서 부모와 학교, 직장상사와 아내, 친구들의 도움과 지도를 받았다. 뭔가를 결정하고 판단할 때면 그 결과는 내 책임인 동시에 다른 누군가와 함께 짊어져야 할 연대이기도 했다.

그러나 노년에 접어들어서는 모든 게 달라진다. 사회적 동물이라는 치장에서 벗어나 어찌 보면 가장 순수하고 가장 적나라한 나 자신과 대면하게 된다. 먹고, 입고, 자고, 배설하는 생활의 기초적인 행사에서 뜻하지 않은 문제들이 발생한다. 마치 예순이 넘은 갓난아기가 된 듯한 기분이다. 생각과 말이 애초의 의도에서 벗어나기 일쑤고, 감정도 치기어린 유아기로 흐를 때가 많다. 생활에서 알 수 없는 뭔가가 제외된 것 같은, 혹은 빼앗긴 것 같은, 아니면 잃어버린 것 같은 불안과 두려움이 퍼뜩퍼뜩 떠올라 상실감은 더욱 커진다.

그렇다. 분명 뭔가가 생활에서 사라졌다. 그것이 뭘까.

단언하건대 그것은 '사회'다. 노년은 사회라는 일정한 규칙과 의무로부터 제외되는 시기다. 이 말은 곧 지금까지 한쪽에서 나를 지탱해주던 기둥이 빠져나갔다는 뜻이다. 직장과 가족과 친구처럼 일상생활을 이루던 구성요소들의 빈도와 가치가 상대적으로 낮아지고, 그동안 덜 의식해왔던 '나 자신'의 생존과 욕구가 노년에는 더욱 큰 의미로 다가오는 것이다.

더욱이 노년들에겐 어린 시절의 부모님, 학창시절의 선생님, 직장에서의 상사와 같은 멘토가 없다. 모든 인간이 늙음의 길에 들어서지만 그 길은 인생에서 가장 개인적이고 가장 독립적인 길이다. '청춘의 때'에 그토록 바랐던 완전하게 독립을 이룬 나의 모습을 아이러니하게도 '노년의 때'에 경험하게 되는 것이다.

인생을 겪을 만큼 겪었다고 자부하는 노년들에게 노년의 참된 생활은 낯설고 거북하다. 인생을 마무리하고 정리하는 시기인 동시에 육체적, 그리고 현실적으로는 먹고, 입고, 잠들고, 배설하고, 생각하고, 말하고, 어울리는 모든 습관들을 처음부터 다시 시작하고 배워야 하기 때문이다.

바로 이 점에서 노년의 삶은 모순으로 가득하다. 실제로 모순이라기보다는 노년의 삶에 들어선 많은 사람들이 과거의 자신과 비교하여 현재의 자기를 모순으로 받아들인다. 그러한 차이를 모순으로 받아들이는 그 순간부터 앞으로 2, 30년간 지속될 나이듦의 연속은 허무해지고, 불안해지고, 불편하고, 때로는 부끄럽기까지 한 세월들로 남겨질 가능성이 높다.

이 책의 저자는 64세에 허리를 크게 다친 이후 늙음을 자각했고, 노년의 삶은 태어나서 줄곧 이어지던 기존의 삶과는 완전히 다른 새로운 탄생으로 받아들여야 한다는 것을 깨달았다. 그리고 주위에 자신과 비슷한 처지의 많은 사람들이 안타깝게도 그 같은 인식의 변화를 받아들이지 못한 채 불충분한 생활에 자족하는 경우가 많다는 것을 알게 되었다. 또한 늙음에 대처하는 방법과 가르침을 배우고 싶어도 구체적으로 도움받기가 쉽지 않다는 현실적 한계를 절감했다. 그것이 저자가 책을 집필하게 된 동기다.

이 책에는 저자가 개인적으로 체험한, 옷을 입고 관리하는 방법부터 집안정리, 자녀들과의 새로운 관계정립, 식생활, 운동요법 등이 구체적인 사례와 더불어 실려 있다. 나아가서는 생각과 가치관이 어떻게 바뀌어야 하는지, 주변 사람들과는 어떻게 사귀어야 되는지 등도 모두 다루고 있다. 노년에 대처하는 교과서, 혹은 실용지침서라고 할 만하다.

  저자는 이 책을 쓰면서 늙음을 돌아보게 되었고, 나이듦을 통해 얻는 행복이 있음을 발견했다. 노년의 시절도 청춘과 마찬가지로 날마다 새로울 수 있음을 간파한 것이다. 저자의 그 같은 경험과 행복이 이 책을 읽는 모든 독자들에게 온전히 전해지기를 소망해 본다.

김 욱

옮긴이 김욱

언론계 최일선에서 오랫동안 활동했다. 현재는 인문, 사회, 철학, 문학 등
다양한 분야의 서적을 탐독하며 사유의 폭을 넓히고 있다.
지은 책으로는《세계를 움직이는 유대인의 모든 것》
《희망과 행복의 연금술사》《성공한 리더십, 실패한 리더십》등이 있으며,
옮긴 책으로는《나의 마음을 위로하다》《동양기행》《황천의 개》
《아메리카 기행》《천상의 푸른 빛》《노던라이츠》《여행하는 나무》《아미엘의 일기》
《니체의 숲으로 가다》《쇼펜하우어의 문장론》《부자나라 임금님의 성공 독서전략》
《산다는 것의 의미》《지로 이야기》《지식생산의 기술》등이 있다.

늙지 마라 나의 일상

1판 1쇄 인쇄 2011년 2월 22일
1판 1쇄 발행 2011년 3월 3일

지은이 미나미 가즈코
옮긴이 김욱

펴낸이 김현정
펴낸곳 도서출판리수

기획 김현주
교정 최귀열
편집 홍미숙

등록 제4-389호(2000년 1월 13일)
주소 서울시 성동구 행당2동 328-1 한진노변상가 110호
전화 2299-3703
팩스 2282-3152
홈페이지 www.risu.co.kr
이메일 risubook@hanmail.net

ⓒ 2011, 도서출판리수

ISBN 978-89-90449-75-7 03830
※ 책값은 뒤표지에 있습니다.
※ 잘못 제본된 책은 바꾸어 드립니다.